Steffi Baltes
mit Bildern von Martina Briesemeister-Schneider
DU LÄSST MEINEN FUSS NICHT GLEITEN

Steffi Baltes
mit Bildern von
Martina Briesemeister-Schneider

Du lässt meinen Fuß nicht gleiten

– Mutmachandachten –

francke

Über die Autorin:
Steffi Baltes ist Pfarrerin. Sechs Jahre lang leitete sie ein Gästehaus in Jerusalem und begleitete mit ihrem Mann christliche Reisegruppen durchs Heilige Land. Heute lebt sie in Marburg und arbeitet im Verlag der Francke-Buchhandlung und im Christus-Treff.

Über die Künstlerin:
Martina Briesemeister-Schneider ist seit 2000 neben ihrem Beruf künstlerisch tätig. Ihre Bilder sind in Mischtechnik mit Acryl- und Gouachefarbe oder Ölkreide gestaltet. Themen und Gedanken auf kreative Weise Ausdruck zu verleihen, ist die Motivation der Künstlerin. Sie ist verheiratet und hat zwei erwachsene Kinder.

Bibliografische Information Der Deutschen Bibliothek
Die Deutsche Bibliothek verzeichnet diese Publikation in der Deutschen Nationalbibliografie; detaillierte bibliografische Daten sind im Internet über http://dnb.ddb.de abrufbar.

ISBN 978-3-86827-535-3
Alle Rechte vorbehalten
© 2015 by Verlag der Francke-Buchhandlung GmbH
35037 Marburg an der Lahn
© Bilder: Martina Briesemeister-Schneider
Umschlaggestaltung: Verlag der Francke-Buchhandlung GmbH /
Sven Gerhardt
Satz: Verlag der Francke-Buchhandlung GmbH
Printed in Poland

www.francke-buch.de

Inhalt

Widmung

Für Birgit und Arno, Sophia und Vicky:
Danke für eure Gastfreundschaft und viele schöne gemeinsame
Erlebnisse!

Für Randa und Arne, Levi und Laila:
Danke für die Lebendigkeit und Fröhlichkeit, mit der ihr uns
beschenkt!

Steffi

Gottes offene Türen

„Siehe, ich habe vor dir eine Tür aufgetan und niemand kann sie zuschließen; denn du hast eine kleine Kraft und hast mein Wort bewahrt und hast meinen Namen nicht verleugnet."

Offenbarung 3,8

Ist Ihnen schon einmal aufgefallen, wie viele Redensarten es in unserer deutschen Sprache gibt, die das Bild der „Tür" verwenden, um etwas Bestimmtes treffend zum Ausdruck zu bringen?

Der Arbeitskollege, der einen Vorschlag zur Verbesserung des Betriebsklimas macht, *rennt offene Türen ein.* Die Frau, die einen jahrzehntelangen Streit mit ihrer Nachbarin endlich beilegen will, *steht vor verschlossenen Türen.* Der junge Mann, der seiner Freundin zwischen Pommes und Cola einen Heiratsantrag macht, *fällt mit der Tür ins Haus.* Unsere Freigebigkeit mit ganz persönlichen Informationen auf Internetportalen *öffnet* dem Missbrauch *Tür und Tor. Hinter verschlossenen Türen* beratschlagen die Firmenchefs über den Abbau von weiteren Arbeitsplätzen. Der junge, gut ausgebildete Absolvent der Universität freut sich, denn ihm *stehen alle Türen offen.*

Türen spielen in unserem Leben eine große Rolle. Unsere verschlossene Haustür zeigt: Hier ist mein privater Schutzbereich, hier ist eine Grenze. Ein altes, offenes Burgtor, das uns in unserem Frankreich-Urlaub vor die Linse kommt, symbolisiert für uns etwas Positives – einen Durchgang in eine andere Welt. Was mag wohl dahinter liegen? Die Tür, die sich bei einem Besuch für uns öffnet und uns ins Haus einlädt, steht für Gastfreundschaft und Annahme. Ein hohes Metalltor, von Stacheldraht gekrönt, sagt uns unmissverständlich: Du bist hier nicht erwünscht! Du musst draußen bleiben.

In der Antike sprachen die unterschiedlichsten Türen eine ähnlich deutliche Sprache. So verwendet auch einer der Jünger Jesu, der Apostel Johannes, in der von ihm verfassten Offenbarung das Bild der Tür. Er schreibt an sieben junge christliche Gemeinden in Kleinasien (der heutigen Türkei), die stark bedrängt waren und mit inneren und äußeren Widerständen zu kämpfen hatten. Einer dieser Gemeinden, der Gemeinde in Philadelphia (heute Alaşehir, 120 km östlich von Izmir), schreibt Johannes besonders ermutigende Worte, darunter unser Vers:

„Siehe, ich habe vor dir eine Tür aufgetan und niemand kann sie zuschließen; denn du hast eine kleine Kraft und hast mein Wort bewahrt und hast meinen Namen nicht verleugnet."

Für mich ist das immer wieder ein äußerst tröstender, ermutigender und motivierender Bibelvers. Ich freue mich, wenn ich ihn lese oder höre, wenn ihn mir jemand zusagt oder ich ihn in einem seelsorgerlichen Gespräch oder Gebet einer anderen Person weitergeben kann. Ich glaube fest, dass Gott ein Gott der ungeahnten Möglichkeiten, der zweiten und dritten und vierten ... Chance, der Freiheit und der offenen Türen ist.

Vielleicht sind wir, ähnlich wie die Christen in Philadelphia zur Zeit des Apostels Johannes, in einer scheinbar ausweglosen Lage. Wir fühlen uns bedrängt, eingeengt, von inneren oder äußeren Widerständen gehemmt. Unsere momentane Lebenssituation gleicht einer Sackgasse. Wir scheinen vor verschlossenen Türen zu stehen. Wie geht es nun weiter? *Kann* es überhaupt weitergehen? Was kann ich tun? Wird Gott mich führen, mir einen Ausweg aus dieser Situation zeigen? Allein schaffe ich es doch nicht!

So oder ähnlich mögen unsere Gedankengänge vielleicht sein.

Wenn wir mit unseren Sorgen und Nöten zu Gott kommen, wird er uns nicht die Tür vor der Nase zuschlagen.

Gott weiß doch, dass wir „eine kleine Kraft" haben. Er will uns mit seiner großen Kraft zu Hilfe kommen. Er freut sich darüber, wenn wir ihn bitten, ihn anrufen, ihm unser Herz geben, ihn lieb haben, ihm trotz aller Widerstände und Zweifel treu bleiben, auf seine Führung vertrauen. Er verspricht uns:

> *„Siehe, ich habe vor dir eine Tür aufgetan*
> *und niemand kann sie zuschließen!"*

Auch wenn wir mitten in einer schwierigen Lage überhaupt nicht glauben und sehen können, dass uns von irgendwoher Hilfe kommt, dass sich uns eine Tür auftut – Gott hört unser Gebet.

Grundsätzlich steht uns die Tür zu Gott, hinein in seine Liebe und Annahme, Vergebung, Gastfreundschaft und Vaterschaft jederzeit offen. Christus hütet diese Tür und niemand kann sie uns verschließen. Durch seinen Tod am Kreuz hat er für uns einen freien, ungehinderten Zugang zu Gott geöffnet.

Jesus sagt von sich selbst:

> *„Ich bin die Tür; wenn jemand durch mich hineingeht,*
> *wird er selig werden und wird ein- und ausgehen*
> *und Weide finden."*
>
> Johannes 10,9

Wenn wir uns an Jesus halten, ihm vertrauen im Leben und im Sterben, rennen wir bei Gott offene Türen ein.

Doch manchmal sind die Türen, die wir gerne geöffnet sehen würden, etwas situationsbedingter: die Tür in eine neue berufliche Zukunft; die Tür zu einer gelingenden Partnerschaft; die Tür zu mehr Glück und Erfüllung im Leben; die Tür zur Gesundung …

Auch darum dürfen wir Gott gerne bitten. Manchmal dauert es vielleicht eine Zeit lang und mitunter öffnen sich Türen an ganz anderen Stellen, als wir es vermutet hätten. Doch wenn wir Gott folgen, wird kein Weg, den wir gehen, in einer Sackgasse oder vor verschlossenen Türen enden.

Der Ton und der Töpfer

„Aber nun, Herr, du bist doch unser Vater! Wir sind Ton,
du bist unser Töpfer, und wir alle sind deiner Hände Werk."
Jesaja 64,7

Als Kindern wurde uns in der Schule das Töpfern beigebracht. Na ja, mehr oder weniger zumindest. Ich weiß noch, dass eines meiner ersten selbst getöpferten Gefäße einen Ehrenplatz in der Wohnung meiner Eltern erhielt. Es war eine simple kleine Schale, nichts Besonderes. Und doch war es gar nicht so einfach gewesen, sie herzustellen. Zuerst musste man den Ton sorgfältig klopfen, denn wenn noch zu viel Luft im Ton vorhanden war, konnte das Gefäß später beim Brennen zerspringen. Wenn man dann den nassen Klumpen Ton nicht genau in die Mitte der Töpferscheibe warf, flog er einem später beim Drehen der Scheibe vielleicht in hohem Bogen durch die Luft. Und wenn man mit den Händen zu fest oder unsensibel am Ton arbeitete, war das im Entstehen begriffene Gefäß im Nu verdorben. Krumm, schief, zu nichts zu gebrauchen.

Heute töpfere ich zwar nicht mehr, bin aber immer noch ein Fan schöner Töpferware. Ich bewundere, wie Menschen so etwas selbst herstellen können – Gefäße zum Beispiel, aus denen man mit Genuss und Wohlgefühl isst und trinkt. Vor einigen Jahren schenkte mir eine Freundin zwei außergewöhnlich schöne selbst getöpferte Schalen. Auf der Unterseite hatte sie mit einem Stempel ihren Namen eingeprägt – so hatte das Geschenk eine noch persönlichere Note.

Der Prophet Jesaja verwendet das Bild vom Töpfer, um seinen Zeitgenossen Gott vor Augen zu malen. Zu seiner Zeit waren Töpfer allge-

genwärtig und man konnte ihnen problemlos bei der Arbeit zusehen. So hatten Jesajas Zeitgenossen eine genaue Vorstellung davon, was ein Töpfer macht, wie er seinen Ton bearbeitet und wie das Material unter den Händen des Töpfers lebendig wird.

Für mich ist es eine sehr tröstliche Vorstellung, dass unser Vater im Himmel Aspekte eines Töpfers in sich trägt. Mit viel Liebe und Sorgfalt hat er unser Leben, unser Dasein geformt. Und so, wie ein Töpfer sich zunächst überlegt, welchem Zweck sein Werk dienen soll, so hat sich Gott etwas dabei gedacht, als er uns formte. Der vorrangige Sinn unseres Lebens ist es sicher, zu leben, dankbar zu sein und Gott die Ehre zu geben. Doch unser Leben ist auch eine Entdeckungsreise hin zu weiteren Aspekten unserer Bestimmung. Was hat Gott in mich hineingelegt – durch mein Geschlecht, meine Herkunft, meine Persönlichkeit, meine Träume und durch das, was mir Freude bereitet und was ich wirklich gut kann?

Gott hat uns, seiner Hände Werk, seiner „Töpferarbeit", seinen Stempel aufgeprägt. „Und Gott schuf den Menschen zu seinem Bilde, zum Bilde Gottes schuf er ihn", heißt es im ersten Buch Mose. Unser Vater im Himmel hat ganz viel von sich selbst in uns hineingelegt, auch wenn wir das vielleicht kaum für möglich halten. Wir sind von Gott

geprägt und als sein Werk mit einer Bestimmung geschaffen. Unser Leben kann gelingen und erfüllend sein, wenn wir als „Gefäße" das aufnehmen und das abgeben, wozu wir gedacht und gemacht sind. Das soll uns nicht in Leistungsstress versetzen oder in eine Sinnkrise stürzen. Das Bild von Gott als dem Töpfer und uns als dem Ton, der unter seiner Hand zu etwas ganz Wundervollem wird, darf uns vielmehr ermutigen.

„Aber nun, Herr, du bist doch unser Vater … und wir alle sind deiner Hände Werk" – dieses Gebet von Jesaja können wir zu unserem eigenen machen und zum Beispiel anschließen: „Herr, zeig mir, was du in und mit meinem Leben tun möchtest! Ich will dir zur Verfügung stehen. Forme mich nach deinem Willen, damit ich meine Mitmenschen segnen und dir Freude bereiten kann."

Ein Gedanke zum Schluss: Vor einiger Zeit las ich, dass Simon Petrus von alters her als Schutzpatron der Töpfer gilt. Das fand ich sehr interessant. Wieso ausgerechnet Petrus, einer der Jünger Jesu? Vielleicht hängt es damit zusammen, dass Petrus sich von seinem Herrn formen ließ. Die Beziehung zwischen Petrus und Jesus war nicht immer leicht und harmonisch, sondern zum Teil durch die Starrsinnigkeit und das falsche Selbstbild des Petrus umwölkt. Missverständnisse und sogar Verrat trübten seine Beziehung zu Jesus. Und doch … Jesus hielt an ihm fest, denn er wusste, was in ihm steckte, was Gott in Petrus hineingelegt hatte. Es musste nur hervorgelockt, lebendig gemacht werden. Und trotz all seiner Defizite und auch seiner Schuld hielt Petrus auch seinerseits an Jesus fest. Er machte sich schließlich ganz vor ihm verwundbar, zeigte Jesus seine weiche Seite, ließ sich von seinem Töpfer formen. Und es geschah, wie Jesus es sicher vorausgesehen hatte: Petrus wurde zu einem der treuesten und beständigsten Nachfolger Jesu, der die junge Gemeinde in die nächste Generation führte und das Evangelium über die Grenzen des Morgenlandes hinaus nach Europa trug. Petrus – wie Ton in des Töpfers Hand. Petrus – ein „Gefäß", das sich von Gott seiner wahren Bestimmung zuführen ließ.

Unter der Oberfläche

„Meine Lieben, wir sind schon Gottes Kinder; es ist aber noch nicht offenbar geworden, was wir sein werden. Wir wissen aber: wenn es offenbar wird, werden wir ihm gleich sein; denn wir werden ihn sehen, wie er ist.“

1. Johannes 3,2

Wer bin ich? Wer werde ich einmal sein? Wo ist mein Platz? Wozu bin ich hier?

Vielleicht haben Sie sich diese Fragen auch schon mal gestellt, zum Beispiel im Teenager-Alter, als alles im Umbruch und vieles neu war, als man sich selbst „bespiegelt" hat und tastende Schritte in eine neue Lebensphase wagte. Ich erinnere mich noch, dass ich tatsächlich manchmal im Spiegel mein Gesicht anstarrte und mir selbst ein Stück fremd war: *Wer bin ich? Wozu bin ich hier?*

Solche oder ähnliche Fragen können aber auch später noch auftauchen, vielleicht in der Mitte des Lebens, wenn die Kinder aus dem Haus sind und schon manche Krise oder Krankheit überstanden ist. Wenn man morgens aufsteht, im Bad in den Spiegel schaut und sich fragt: *Wer bin ich jetzt? Was kommt noch? Was fange ich mit dem Rest meines Lebens an?*

Solche Fragen sind gut und gehören zu unserem Menschsein, auch wenn sie uns manchmal zutiefst verunsichern. Sie rütteln uns auf, treiben uns an, fordern uns heraus, für Neues in unserem Leben empfänglich zu werden.

Mir hat es geholfen, Gott in solche Fragen mit hineinzunehmen und damit nicht allein zu bleiben.

Gott, wer darf ich sein? Gott, wer darf ich werden? Was willst du

durch mich in dieser Welt noch bewirken? Welche neuen Horizonte willst du mir öffnen?

Das Leben in dieser Welt, das Leben an der Seite Gottes ist nicht statisch, es ist in Bewegung. Immer wieder entdecken wir neue Seiten an uns selbst, manche erstaunlich positiv, manche eher unangenehm. Manchmal haben wir vielleicht sogar den Eindruck, wir würden uns selbst nicht mehr kennen. Unser Charakter und unsere Persönlichkeit sind nicht in Stein gemeißelt, sondern im Laufe unseres Lebens Veränderungen unterworfen.

Dabei können sich negative Ereignisse in unserem Leben unter Umständen auch negativ auf unser Denken und Verhalten auswirken. Sie können aber ebenso gut dazu führen, dass wir an ihnen reifen, barmherziger und weiser werden. Entscheidend dabei ist, denke ich, ob wir Jesus Christus in die Ereignisse und Entwicklungen unseres Lebens mit hineinnehmen. Ihn Anteil haben lassen an unserem Freud und Leid, ihn hineinbitten in unsere Ängste und Bitterkeiten. Wir dürfen Gott unsere inneren und äußeren Schmerzen klagen. Wir können mit unseren Fragen und Zweifeln ganz offen und ehrlich vor ihm sein. Wir dürfen mit ihm ringen, so wie einst Jakob am Fluss Jabbok mit dem Engel des Herrn rang. Entscheidend ist, dass wir Gott nicht loslassen. Er will uns helfen, uns wieder aufrichten und uns ein neues Herz schenken.

So können wir immer im „Werden" bleiben, offen für Gottes Wirken an uns und durch uns.

Wir brauchen nicht trotzig oder fatalistisch zu sagen: „So bin ich halt."

Wir dürfen uns von Gott angenommen wissen, ja. Aber wir sollten auch empfänglich sein dafür, dass Gott uns nicht so lässt, wie wir sind. Er will – mit unserer Erlaubnis – immer mehr das an die Oberfläche bringen, was er in uns hineingelegt hat.

Das ist doch eigentlich eine sehr spannende Angelegenheit! Wir brauchen uns innerlich nicht zur Ruhe zu setzen, denn Gott hat noch viel mit uns vor und möchte noch so manches Abenteuer mit uns durchleben – egal, in welcher Lebensphase wir uns befinden: „Es ist aber noch nicht offenbar geworden, was wir sein werden."

Das Schöne ist, dass wir auf der Lebensreise mit Gott nicht nur uns selbst immer besser kennenlernen und neue Seiten an uns entdecken dürfen. Auch Gott lernen wir immer besser kennen und entdecken so manche erstaunliche Seite an ihm. Noch sehen wir ihn nicht, „wie *er* ist". Aber wir sind auf dem Weg dahin. Noch ist nicht offenbar geworden, wer *wir* sind. Aber wir sind auf dem Weg dahin, das herauszufinden.

Wer bin ich in Gottes Augen? Wer bin ich in den Augen der „himmlischen Welt"?

Die Bibel gibt uns da interessante Einblicke, so als würde der Vorhang zwischen der irdischen und himmlischen Welt für einen kurzen Moment etwas gelüftet:

„Was ist der Mensch, dass du seiner gedenkst, und des Menschen Kind, dass du dich seiner annimmst? Du hast ihn wenig niedriger gemacht als Gott, mit Ehre und Herrlichkeit hast du ihn gekrönt."

Psalm 8,5f.

„Wisst ihr nicht, dass wir über Engel richten werden?"

1. Korinther 6,3

Ich glaube, wir haben nicht auch nur annähernd verstanden, wer wir in Gottes Augen sind und sein dürfen. Er schenkt uns eine Herrlichkeit und Autorität als Kinder des himmlischen Vaters, derer wir uns nur selten bewusst sind. Es ist, als sei sie unter der Oberfläche verborgen, noch nicht vollends zum Vorschein gekommen.

Das wird sie sicher auch erst, wenn wir Gott eines Tages von Angesicht zu Angesicht sehen dürfen. Aber zuvor gibt es die Möglichkeit zur Entwicklung – wir dürfen immer mehr „auftauchen" aus der Entfremdung von uns selbst und uns Gottes Kraft in uns bewusster werden. Auch das ist ein Prozess, in den wir Gott mit einbeziehen sollten:

„Er gebe euch erleuchtete Augen des Herzens, damit ihr erkennt, zu welcher Hoffnung ihr von ihm berufen seid, wie reich die Herrlichkeit seines Erbes für die Heiligen ist und wie überschwänglich groß seine Kraft an uns, die wir glauben, weil die Macht seiner Stärke bei uns wirksam wurde."

Epheser 1,18f.

Heilige Momente

„Und der Engel des Herrn erschien Mose in einer feurigen Flamme aus
dem Dornbusch. Gott rief ihn aus dem Busch und sprach:
Mose, Mose! Er antwortete: Hier bin ich. Gott sprach:
Tritt nicht herzu, zieh deine Schuhe von deinen Füßen;
denn der Ort, darauf du stehst, ist heiliges Land!"

2. Mose 3,2+4f.

Haben Sie schon einmal verwundert gedacht: *Hier und jetzt –*
das ist ein besonderer, ein heiliger Moment?

Solche besonderen, heiligen Momente, in denen sich mir unerwartet Gottes Gegenwart offenbart, habe ich schon manches Mal staunend erlebt. Das kann ein besonders schöner landschaftlicher Anblick sein, wie aus einer anderen Welt, der mich die Herrlichkeit des Schöpfers erahnen lässt. Das kann aber auch ein tief gehendes Gespräch sein, das ich mit jemandem führe – über Fragen des Lebens und des Sterbens, über Gott und die Ewigkeit, über den Sinn des Lebens und die Berufung, die Gott jedem von uns gibt.

In diesen und ähnlichen Momenten denken wir plötzlich, fast erschrocken: *Gott ist jetzt hier, fast spürbar anwesend. Das hätte ich nicht erwartet.*

Es scheint, als öffne sich in diesen Augenblicken ein Fenster in den Himmel und wir könnten sehen und erahnen, was uns sonst verborgen ist; woran wir sonst achtlos vorübergehen; was wir oft gar nicht erwarten: Gottes Gegenwart mitten in unserem Alltag.

Ein brennender Dornbusch war es für Mose, der ihn auf unerklärliche Weise anzog und ihm eine andere Sichtweise gab – *Gott sieht mich, mitten in meiner täglichen Routine. Er hat etwas mit mir vor.*

Eine Himmelsleiter erschien Jakob im Traum und machte ihn mit einem Mal dafür sensibel, dass Gott ihn auf seinen Wegen begleitet. Dass der Zugang zum Himmel „offen" ist. Dass Gott in unsere Welt hineinkommt und an unserem Schicksal Anteil nimmt. Jakob erging es ähnlich wie uns oft. Er war ganz überrascht und überwältigt von der Erkenntnis: „Fürwahr, der Herr ist an dieser Stätte, und ich wusste es nicht!" (1. Mose 28,16)

Hagar wird in der Wüste von einem Boten Gottes besucht, der ihr in einer schweren Lebenskrise Hoffnung macht. Ein Bote, durch den sich Gott ihr gnädig zuwendet. Erst nach dieser Begegnung versteht sie und kann nur noch staunend und fassungslos ausrufen:

> *„Gewiss hab ich hier hinter dem hergesehen,*
> *der mich angesehen hat."*

1. Mose 16,13

Gott ist uns näher, als wir denken. Er begegnet uns an Orten, von denen wir nicht für möglich halten, dass er dort anwesend sein kann. Er zeigt sich uns in Situationen unseres Lebens, in denen wir eigentlich von seiner Abwesenheit überzeugt waren.

Das Beispiel von biblischen Personen wie Mose, Jakob und Hagar macht mir Mut, Gott ganz neu zu erwarten – mitten in meinem Leben, meinem Alltag, der täglichen „Routine", den ganz normalen Dingen des Lebens. Gott ist mit mir am Arbeitsplatz. Er ist bei mir, wenn ich Essen koche oder putze. Er ist bei mir, wenn ich einkaufen gehe. Er ist bei mir, wenn ich im Krankenhaus liege. Er ist bei mir, wenn ich am Bett eines sterbenden Freundes sitze. Er ist bei mir, wenn ich mit meinen Kindern im Sandkasten spiele. Jeder Moment kann zu einem „heiligen Moment" werden, wenn ich mir bewusst mache, dass Gott da ist, wenn ich die alltäglichen Dinge im Wissen um seine Gegenwart verrichte. Jeder Moment kann ein heiliger Moment werden, wenn ich ein Stoßgebet zum Himmel schicke und zum Beispiel bete: „Mein Vater, komm in diese Situation hinein. Zeig mir, wo du in dieser Situation bist, Jesus. Komm, Heiliger Geist, wirke du! Danke für deine Gegenwart."

Vertrauen in Gottes Macht

„Er zählt die Sterne und nennt sie alle mit Namen.
Unser Herr ist groß und von großer Kraft,
und unbegreiflich ist, wie er regiert."
Psalm 147,4f.

Das biblische Laubhüttenfest wird heute noch in der jüdischen Welt gefeiert, weil es im 3. Buch Mose den Israeliten von Gott befohlen wurde. Beim Bau der Laubhütte ist zu beachten, dass das Dach nur leicht mit Zweigen, Stroh oder Hölzern gedeckt wird, sodass man noch die Sterne am Nachthimmel sehen kann. Es ist eine Erinnerung daran, dass der, der die Sterne geschaffen hat, auch unser Leben in seiner Hand hält. Auch wenn wir meinen, wir hätten Dinge für die Ewigkeit gebaut oder uns erarbeitet – letztlich liegt unser Leben ganz in Gottes Hand. Er ist es, der uns sicher durch die Wüsten unseres Lebens und wieder auf gutes Land leitet. Diese Erfahrung durfte schon das Volk Israel auf seiner kräftezehrenden Wüstenwanderung machen – ungeborgen und doch von Gott geschützt und geführt. Daran erinnert das Laubhüttenfest.

Der nächtliche Sternenhimmel hat auf mich schon immer eine große Faszination ausgeübt. Ich habe mich als Kind manchmal nachts in unseren Garten gestellt und lange einfach nur in den Sternenhimmel hinaufgeschaut. Dabei habe ich mich gefragt, ob da oben wohl noch andere Leute wohnen, so wie wir. Oder ob Gott da oben wohnt und mich sieht. Auf alle Fälle hat mich das Heer der Sterne dazu gebracht, über die Größe des Schöpfers zu staunen. Da ich auf dem Land wohnte, konnte ich damals die Sterne heller und klarer sehen als heute, wo

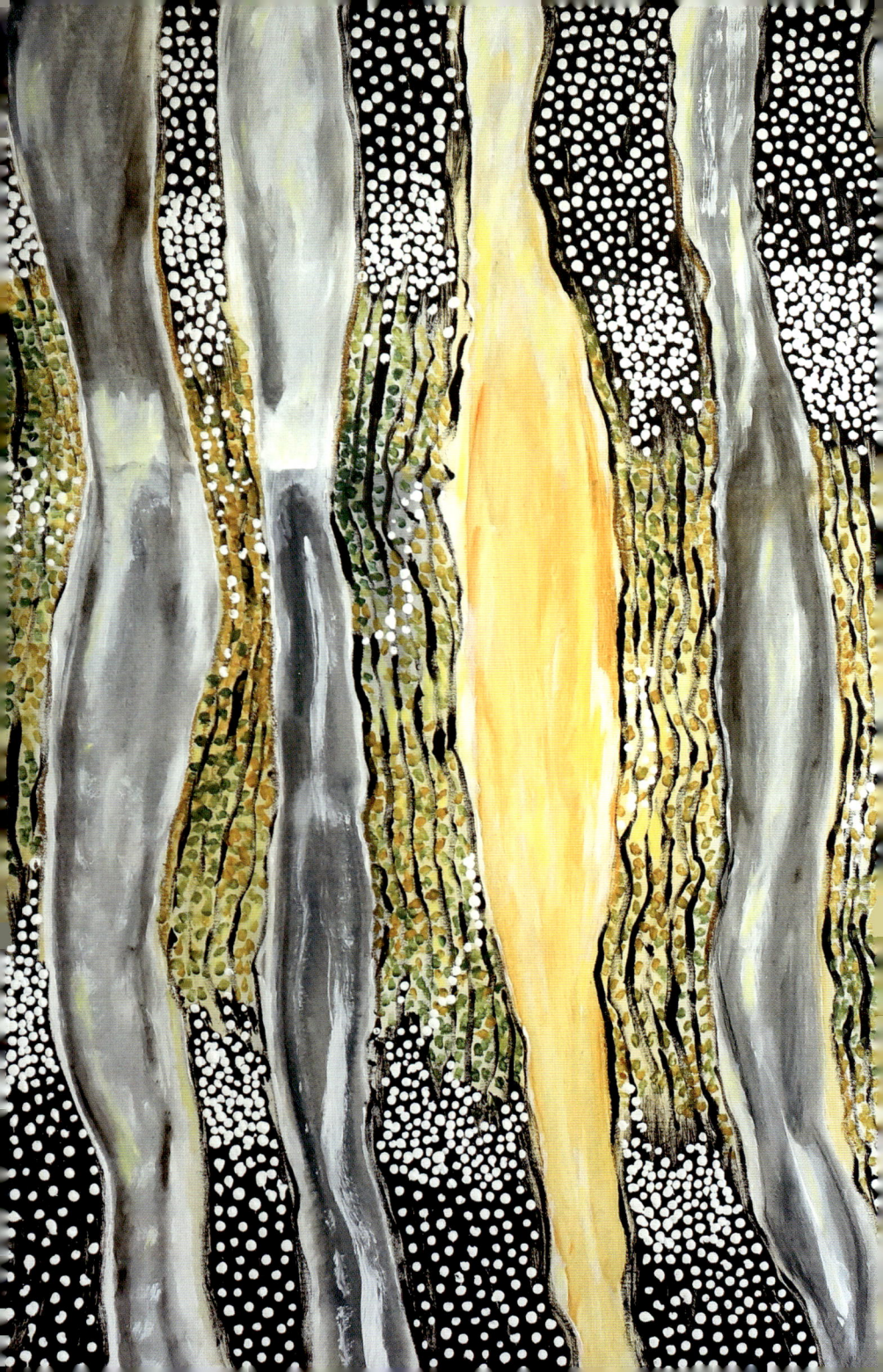

die vielen Lichter meiner Stadt von der Schönheit des Sternenlichts ablenken.

Es gibt unzählig viele Sterne, mehr, als alle Sandkörner an den Küsten unserer Welt zusammengenommen. Doch Gott *zählt* sie. Ist das nicht unfassbar? Und nicht nur das. Er nennt sie sogar mit Namen! Das Universum ist unvorstellbar groß und dehnt sich immer noch weiter aus. Doch Gott ist noch größer. Er umfasst und durchdringt alles. Und obwohl er so ein unvorstellbar mächtiger und großer Herrscher ist, hat er doch einen Blick fürs Detail. Kein Stern und kein Lebewesen ist vor ihm vergessen – auch wir nicht. Ganz besonders wir nicht, denn er hat uns teuer erkauft mit dem Blut seines Sohnes. Er, Jesus, hat einmal gesagt:

„Verkauft man nicht fünf Sperlinge für zwei Groschen?
Dennoch ist vor Gott nicht einer von ihnen vergessen.
Aber auch die Haare auf eurem Haupt sind alle gezählt.
Darum fürchtet euch nicht; ihr seid besser als viele Sperlinge."

Lukas 12,6f.

Was für eine Ermutigung! Gott zählt nicht nur die Sterne und nennt sie mit Namen, er weiß auch um jedes unserer Haare, jede Sorgenfalte, jede innere und äußere Wunde, jede Freude und jeden Traum. Er nennt uns mit Namen. Er spricht uns an, ermutigt und tröstet uns:

„Fürchte dich nicht, denn ich habe dich erlöst;
ich habe dich bei deinem Namen gerufen;
du bist mein!"

Jesaja 43,1

Diesem großen Gott, der das Universum und die Sterne geschaffen hat, und dessen ganzes Herz dennoch uns kleinen Menschen zugeneigt ist, dürfen wir uns anvertrauen – mit allem, was uns bewegt.

Von Gottes Hand gehalten

*„Von allen Seiten umgibst du mich und hältst deine Hand über mir.
Diese Erkenntnis ist mir zu wunderbar und zu hoch, ich kann sie nicht
begreifen. Wohin soll ich gehen vor deinem Geist, und wohin soll ich
fliehen vor deinem Angesicht? Führe ich gen Himmel, so bist du da;
bettete ich mich bei den Toten, siehe, so bist du auch da. Nähme ich
Flügel der Morgenröte und bliebe am äußersten Meer, so würde auch
dort deine Hand mich führen und deine Rechte mich halten."*

Psalm 139,5-10

Für manchen von uns sind diese Worte des Psalmbeters tröstlich: *Von allen Seiten umgibst du mich und hältst deine Hand
über mir.* Für andere sind sie vielleicht eher unangenehm: *Wohin soll
ich gehen vor deinem Geist, und wohin soll ich fliehen vor deinem Angesicht?*

Sicher hängt es von unserem Gottesbild ab, wie wir diesen Psalm
empfinden. Und von den Erfahrungen, die wir in unserem Leben mit
Autoritäten oder Vaterfiguren gemacht haben. Für den einen ist es
eine schöne Vorstellung, dass Gottes Angesicht, dass sein Geist, seine
Gegenwart überall präsent ist und uns wahrnimmt. Für den anderen
ist es eher eine erschreckende Vorstellung, dass es keinen Ort auf der
Welt gibt, weder über noch unter der Erde, weder im Meer noch im
Weltall, an dem wir vor Gottes Augen verborgen sein könnten.

Vor einiger Zeit habe ich mir Bilder anschauen können, die Kinder
zu dem Thema „Wie stelle ich mir Gott vor?" gemalt hatten. Ein Kind
stellte sich Gott als Mann vor, der den ganzen Tag auf einer Wolke sitzt
und mit einem Fernrohr zur Erde schaut. Ein anderes Kind hatte Gott
als große, überdimensionale Hand dargestellt, die fast drohend über
dem Planet Erde schwebt. Dann war da noch das Bild einer Wolke mit

vielen, vielen Augen. Oder aber zwei Hände, die schützend über Kindern und einem Haus mit Garten liegen. Und eine riesige Gestalt, die die Erdkugel in ihren Händen hält. Ein Pfleger im Krankenhaus, der ein krankes Kind auf den Arm nimmt und tröstet. Oder ist Gott doch wie ein Polizist, der unsere Verfehlungen ahnden will?

Was ist *Ihr* Bild von Gott? Haben Sie das Gefühl, am liebsten vor Gott fliehen zu wollen? Oder den dringenden Wunsch, von ihm in Ruhe gelassen zu werden? Vielleicht bedrückt Sie etwas, das Sie als Schuld oder Versagen empfinden, und Sie würden gerne bis ans Ende der Welt fliehen, nur um Gott und Ihrem Gewissen zu entkommen?

Doch auch dort ist Gott, so sagt es uns der Psalmbeter, der seine ganz eigenen Erfahrungen gemacht hat. Gott kommt zu uns, wenn wir am Ende sind. Er kommt in unsere Dunkelheit hinein und will sie hell machen. Er streckt seine Hand aus, um uns zu helfen, wenn wir am Abgrund stehen. Er lässt uns nicht im Stich. Er geht uns nach. Mit seiner Gnade, seiner Barmherzigkeit, seiner Liebe. Es gibt keinen Grund für uns, vor Gott zu fliehen. Wir dürfen voller Vertrauen umkehren; unsere Schuld, unser Versagen, unsere Lasten am Kreuz von Jesus ablegen; seine einladende Hand ergreifen; uns in seinem schützenden Arm bergen.

Der Evangelist Lukas berichtet, wie Jesus seinen Freunden ein ganz erstaunliches Bild von Gott malt:

„So kehrte er zu seinem Vater nach Hause zurück.
Er war noch weit entfernt, als sein Vater ihn kommen sah.
Voller Liebe und Mitleid lief er seinem Sohn entgegen,
schloss ihn in die Arme und küsste ihn.“

Lukas 15,20

Gott empfängt seine Töchter und Söhne mit offenen Armen. In seiner Nähe können wir das sein und werden, was er in uns hineingelegt hat. Von ihm dürfen wir empfangen. In ihm können wir ruhen.

Das erinnert mich an eine weltberühmte Skulptur der Marburger Diakonisse Dorothea Steigerwald.

1963 schuf sie eine ihrer schönsten, aussagekräftigsten Tonfiguren: „Bleib sein Kind" – ein kleines Mädchen, das seinen Kopf in eine große, väterlich bergende Hand legt.

Dass wir Menschen in Gottes Händen geborgen sind, war für Schwester Dorothea ein wichtiges Anliegen.

Gottes Hände kommen uns nicht strafend oder drohend entgegen, sondern lockend, empfangend, behütend.

> *„Er, der ewige Gott, breitet seine Arme aus,*
> *um euch zu tragen und zu schützen."*
>
> 5. Mose 33,27

Hinter dem Schleier

„Wir sehen jetzt durch einen Spiegel ein dunkles Bild;
dann aber von Angesicht zu Angesicht.
Jetzt erkenne ich stückweise; dann aber werde ich erkennen,
wie ich erkannt bin."

1. Korinther 13,12, Luther

„Jetzt sehen wir die Dinge noch unvollkommen, wie in einem trüben
Spiegel, dann aber werden wir alles in völliger Klarheit erkennen.
Alles, was ich jetzt weiß, ist unvollständig; dann aber werde ich alles
erkennen, so wie Gott mich jetzt schon kennt."

Neues Leben Übersetzung

Paulus spricht von einem „dunklen Bild", einem „trüben Spiegel". Wie kann es sein, dass ein Spiegel nur ein verzerrtes Bild der Wirklichkeit wiedergibt? Unsere modernen Spiegel zeigen uns doch mit geradezu unbarmherziger Klarheit jede Falte und jedes noch so kleine geliebte oder ungeliebte Detail unseres Gesichtes und unserer Figur.

Die Spiegel der antiken Welt jedoch, die Spiegel, die Paulus kannte, waren nichts weiter als eine Scheibe aus poliertem Kupfer, Bronze oder Silber, die das Gesicht dessen, der hineinsah, nur unzureichend wiedergab. Dagegen sind unsere heutigen, ebenen Spiegel aus Glas gefertigt, das mit Aluminium beschichtet wird. Sie zeigen ein wahrheitsgetreues, unverzerrtes Abbild dessen, der hineinschaut.

Im Leben jedes Menschen gibt es Ereignisse, die er nicht versteht. Die ihm rätselhaft und unergründlich sind und häufig auch das ganze Leben lang bleiben. Das können Schicksalsschläge sein, aber auch

Lebenswege, die anders verlaufen sind als erhofft. Wünsche, die offen geblieben sind. Träume, die nicht in Erfüllung gingen. Das kann auch eine ganz aktuelle Lebenskrise sein – der Zerbruch einer Partnerschaft oder guten Freundschaft, eine plötzliche Krankheit, der Verlust der Arbeit. In solchen Situationen fragen wir als Betroffene uns dann meist: *Warum? Warum ich? Wozu?* Als Menschen können wir einfach nicht anders. Wir hinterfragen das, was uns widerfährt. Wir gehen auf die Suche nach Antworten. Wir denken darüber nach und zermartern uns das Hirn, ermüden uns selbst mit zahllosen Fragen. Auch Gott fragen wir: *Was soll das? Warum hast du das zugelassen? Wozu soll das gut sein?*

Doch oft bleiben wir ohne eine befriedigende Antwort zurück. Es ist so, als ob wir auf der Suche nach Erkenntnis, nach Erkennen, in einen Spiegel schauten, der unvollkommen und trübe ist. Wir erkennen kaum uns selbst oder die Wege, die Gott uns in der Vergangenheit geführt hat. Wir haben meist keine klare Sicht dessen, wie die Ereignisse der Gegenwart in Gottes Plan mit uns hineinpassen. Aber wir brauchen die Hoffnung nicht zu verlieren: Es gibt einen, der alles versteht. Der den Überblick und den Durchblick hat. Der uns besser kennt als wir uns selbst. Der klarer und weiter sieht als wir. An diesen Einen dürfen wir uns halten und klammern. Diesen Einen dürfen wir mit unseren Fragen bestürmen. Nicht selten allerdings werden wir keine Antwort erhalten, die uns einleuchtet oder voll zufriedenstellt.

„Gottes Wege sind unergründlich", heißt es im Volksmund. Das ist eine jahrtausendealte Erfahrung der Menschheit, die Paulus so formuliert:

„Wie unergründlich sind seine Entscheidungen,
wie unerforschlich seine Wege!"

Römer 11,33

Letztlich sind wir mit dem, was uns an Unerklärlichem widerfährt, ganz auf Gott geworfen. Wenn wir nicht ohne Gott auskommen wollen (und das wäre wirklich keine gute Entscheidung), bleibt uns nichts anderes übrig, als ihm zu vertrauen und ihm weiter zu folgen. Eines Tages, so habe ich mir schon manches Mal gedacht, werde ich Gott alle Fragen stellen, die während meines irdischen Lebens offen geblieben sind. Aber vielleicht … vielleicht will ich dann auch gar nichts mehr fragen, weil ich „alles in völliger Klarheit erkenne", wenn ich Gott gegenüberstehe. Ich stelle mir vor, dass seine überaus große Schönheit, Majestät und seine große Liebe zu uns Menschen, die mir dann erst so richtig bewusst wird, alle meine Fragen gegenstandslos macht. Auf alle Fälle möchte ich gerne schon im Hier und Jetzt, trotz mancher offener Fragen, darauf bauen und darin ruhen, dass „Gott mich jetzt schon kennt". Er bleibt an meiner Seite, in guten und in schweren Tagen.

Gesundheit und Leben

„Dann führte er mich zum Eingang des Tempels zurück und ich sah, wie unter der Tempelschwelle Wasser hervorströmte und nach Osten floss. Dieses Wasser (…) strömt in die Araba hinab und läuft in das Meer, in das Meer mit dem salzigen Wasser. So wird das salzige Wasser gesund. Wohin der Fluss gelangt, da werden alle Lebewesen, alles, was sich regt, leben können, und sehr viele Fische wird es geben. Weil dieses Wasser dort hinkommt, werden die Fluten gesund; wohin der Fluss kommt, dort bleibt alles am Leben.“

Hesekiel 47,1+8f.

„Und er zeigte mir einen Strom lebendigen Wassers, klar wie Kristall, der ausgeht von dem Thron Gottes und des Lammes; mitten auf dem Platz und auf beiden Seiten des Stromes Bäume des Lebens, die tragen zwölfmal Früchte, jeden Monat bringen sie ihre Frucht, und die Blätter der Bäume dienen zur Heilung der Völker.“

Offenbarung 22,1f.

Der Strom, der von dem Propheten Hesekiel und dann auch von dem Apostel Johannes in der Offenbarung beschrieben wird, ist ein Strom, der vom Tempel, von Gott, von Christus selbst ausgeht und dessen Wasser alles gesund macht, was mit ihm in Berührung kommt. Ein Strom des Lebens. Ein Bild für den Heiligen Geist, der von Gott ausgeht und neues Leben schafft.

Wer schon einmal in Israel war, wird das lebendige und plastische Bild, das Hesekiel hier zeichnet, vor seinem inneren Auge sehen können: Die Stadt Jerusalem mit dem Tempelberg liegt auf einem Hügel, 800 Meter über dem Meeresspiegel. Von dort geht es hinab in die Wüs-

te Juda und die Jordansenke, bis man schließlich „das Meer mit dem salzigen Wasser", das Tote Meer, erreicht. Dort beginnt die „Araba", von der bei Hesekiel die Rede ist – die „Arava-Senke", wie sie heute genannt wird – eine steppenartige Wüste zwischen dem Toten Meer und dem Golf von Eilat / Golf von Akaba.

Im Toten Meer, dem tiefstgelegenen See der Erde, gibt es außer Bakterien und anderen Mikroorganismen nichts, was lebt. Es hat einen außerordentlich hohen Salzgehalt, um die 33 Prozent, der nach und nach immer weiter ansteigt. Das Tote Meer wird zwar vom Fluss Jordan gespeist, hat aber keinen Abfluss. Alles Wasser, was hineinfließt, verliert seine „Lebendigkeit".

Der Prophet Hesekiel jedoch zeigt eine hoffnungsvolle Perspektive auf. Das, was unvorstellbar scheint, wird eines Tages Wirklichkeit werden: Das Tote Meer wird „gesund", die Wüste wird belebt, Mensch und Tier werden erhalten, was sie zum Leben brauchen. Das alles erreicht das Wasser, das aus dem Tempel, aus der Gegenwart Gottes kommt.

Diese Vision wird, so denke ich, eine Erfüllung in der natürlichen, realen Welt finden. Wie, das ist Gottes Sache. Es ist aber auch eine Vision von etwas, das tiefer geht und in das Leben jedes Einzelnen hineinreicht.

Gott möchte unserem Herzen und unserer Seele umfassende Gesundung und Heilung schenken. Er möchte uns lebendig machen. Das ist seine Vision, sein Wunsch für uns. Das, was in uns abgestorben ist, kann er zu neuem Leben erwecken. Da, wo wir innerlich so bitter und „ungenießbar" wie das Wasser des Toten Meeres geworden sind, will er uns gesund machen. Gott kann schaffen, was er will. Er kann auch das scheinbar Unmögliche möglich machen. Aus seiner Gegenwart strömt Heilung in unser Leben hinein. Deshalb ist es auch so wichtig, dass wir immer wieder ganz bewusst in seine Gegenwart hineinkommen und uns für das Wirken seines Geistes öffnen. Das kann durch ein einfaches Gebet wie dieses geschehen:

„Herr, ich brauche dich. Komm mir bitte nahe.
Erfülle mich mit deinem Geist. Berühre mich. Mach mich heil.
Du weißt, was mir Mühe macht, warum ich so enttäuscht und
bitter geworden bin. Ich will das nicht länger.
Ich möchte wieder leben, wieder Hoffnung haben,
mich wieder freuen am Leben und an dir.
Ich möchte frei werden für das,
was du noch mit mir vorhast ...“

Gott freut sich, wenn wir aus unserer persönlichen „Lebenswüste" heraus zu ihm rufen, um an dem Lebensstrom Anteil zu bekommen, der von Jesus Christus, dem Heiland der Welt, ausgeht. Und eines Tages, so beschreibt es der Apostel Johannes in der Offenbarung, wird der Strom Gottes, der Strom der Heilung alle Nationen dieser Welt, alle Völker dieser Erde, die jetzt noch von Krisen und Unruhen geschüttelt werden, heil und gesund machen. Was für eine wundervolle Aussicht – für unser persönliches Leben und unsere Welt!

Ein Ort der Zuflucht

„Der Name des Herrn ist eine feste Burg;
der Gerechte läuft dorthin und wird beschirmt."

Sprüche 18,10

Ich liebe alte Burgen. Ihre dicken Wehrmauern, ihre hohen Wach-
türme, ihre uralten Burgtore und, wenn sie noch erhalten sind,
den Wassergraben und die Zugbrücke. In Europa und auch in Israel
habe ich schon so manche mittelalterliche Burg oder Burgruine besucht und bin jedes Mal von Neuem fasziniert gewesen: Selbst nach all
den Jahrhunderten, die seit ihrer Erbauung vergangen sind, spürt man
den Mauern noch ihre Stärke und Standfestigkeit ab. Man kann sich
im Burghof geborgen fühlen. Deshalb kann ich auch mit dem Bild, das
hier im Buch der Sprüche verwendet wird, viel anfangen.

Wenn wir in Nöten und Schwierigkeiten sind; wenn wir nicht mehr
wissen, wohin; wenn wir uns schutzlos fühlen – einem Schicksalsschlag, einer Krankheit, unserer Angst, unseren „Widersachern" (wie
auch immer diese aussehen mögen) schutzlos ausgeliefert –, dann
dürfen wir Gott um Hilfe anrufen. Paulus schreibt im Römerbrief:

„Denn ‚wer den Namen des Herrn anrufen wird,
soll gerettet werden'."

Römer 10,13; Zitat aus Joel 3,5

Im Gebet können wir uns zu Gott, zu Jesus flüchten und dürfen wissen:
Er nimmt uns auf. Wir können ihm alles sagen, was uns bewegt. Er hat
offene Ohren für uns. Er lässt uns nicht vor dem verschlossenen Burgtor wie unliebsame Bittsteller stehen. Er zieht auch nicht schnell die

Zugbrücke hoch, damit wir erst gar nicht an seine Tür klopfen können – nein! Er öffnet uns sein Ohr und sein Herz und breitet weit seine Arme aus. Bei ihm sind wir in Sicherheit. Bei ihm dürfen wir geborgen sein.

Vielleicht hören wir noch, um im Bild zu bleiben, wie das Heer unserer „Feinde" draußen gegen das Mauerwerk anrennt und an das Tor hämmert. Doch Gottes Haus steht fest. Niemand und nichts kann uns im Tiefsten etwas anhaben, wenn wir bei Gott, bei Christus zu Hause sind.

Wenn wir seinen Namen anrufen, uns in unseren Nöten und Krisen, egal wie klein oder groß, wie wichtig oder unwichtig sie uns erscheinen, an ihn wenden, lässt er uns nicht im Stich. Manchmal nimmt er das, was wir als Bedrohung oder Last empfinden, tatsächlich weg – wir werden von einer Krankheit geheilt, bevor sie richtig zum Ausbruch kommt, oder wir überstehen sie mit Gottes Hilfe; die Situation, vor der wir Angst haben, klärt sich auf unvorhergesehene Weise; eine Beziehung gesundet wieder.

Manchmal aber müssen wir eine leidvolle Situation ertragen und durchleben – doch wir erfahren, dass Gott uns beisteht; dass er uns Frieden schenkt; dass er uns hält und beschirmt. Mitten in der Schlacht, im größten Kampfgetümmel, baut er uns eine Festung, in die wir uns zurückziehen können und zu Atem kommen.

Wie viele von Ihnen habe auch ich erfahren, dass einem Kummer oder Leid im Leben nicht erspart bleibt. Dass der Name Gottes, ja Gott

selbst für uns wie eine starke Burg sein kann, bedeutet also nicht, dass wir ganz und gar von allem Übel verschont bleiben. Doch wir haben einen Ort, an den wir uns flüchten können, wenn wir Gefahr laufen, von den Reihen der „Feinde" überrannt zu werden.

Unser regelmäßiges persönliches Gespräch mit Gott, das Lesen in seinem Wort, das Gebet mit Freunden, die Anbetung in einem Haus- oder Bibelkreis oder im Gottesdienst – das alles können solche Orte, *Zufluchtsorte,* für uns werden.

„Zuflucht ist bei dem alten Gott und unter den ewigen Armen.“

5. Mose 33,27

Siegelring sein

„Ich will dich wie einen Siegelring halten;
denn ich habe dich erwählt, spricht der Herr Zebaoth."

nach Haggai 2,23

Der Prophet Haggai war es, der diese gute Botschaft, diese ermutigenden Worte, dem königlichen Nachfahren Serubbabel überbringen durfte. Dieser hatte unter der Herrschaft des Perserkönigs Kyros eine erste Gruppe jüdischer Rückkehrer aus dem Exil in Babylon nach Jerusalem geführt. Dort baute er den Altar wieder auf und sorgte für die Wiedererrichtung des Tempels, die allerdings erst einmal ins Stocken geriet. Serubbabel musste sich viele Jahre lang mit Widerständen unterschiedlicher Art auseinandersetzen. Doch Gott ermutigte ihn, treu zu sein und seinen Weisungen zu folgen. Er hatte Serubbabel erwählt. Daran änderten auch Serubbabels Unentschlossenheit, Schwachheit oder Furcht und auch seine Widersacher nichts. Gott hielt zu ihm. So konnte Serubbabel doch noch dafür sorgen, dass der Tempel im Jahr 515 v. Chr. vollendet wurde. Gott erwählt ja nicht die, die ohne ihn auskommen wollen und alles aus eigener Kraft tun möchten. Er erwählt die, die wissen, dass sie Gott verzweifelt brauchen. Und er gibt ihnen Kraft, das auszurichten, wozu er sie ruft.

Was aber hat es mit dem „Siegelring" auf sich? Ein Siegelring wurde früher von wichtigen Persönlichkeiten, hohen Würdenträgern und Herrschern getragen. Ein König hatte zum Beispiel ein unverwechselbares, einmaliges Symbol wie ein Familienwappen, mit dem er wichtige Dokumente beglaubigen und versiegeln konnte. Dieses Symbol wurde auf einem Ring abgebildet, den der Herrscher ständig trug, weil er so wichtig war. Er sollte ja nicht in falsche Hände geraten, denn er symbo-

lisierte die Würde, Ehre und Autorität des Trägers. Der Ring wurde zum Beglaubigen oder Versiegeln wie ein Stempel in erhitztes, weiches Wachs auf dem Dokument gedrückt. Wenn das Wachs erstarrt war, hatte der Eindruck ein perfektes Abbild des ursprünglichen Siegels hinterlassen.

Dieser Satz – *Ich will dich wie einen Siegelring halten; denn ich habe dich erwählt –*, der vor so langer Zeit von Gott zu Serubbabel gesagt wurde, enthält auch eine tiefe Wahrheit für uns heute. Gott hat uns, seine Kinder, die wir ihn lieben und ihm treu sein möchten, erwählt. Egal, wie schwach wir uns fühlen oder wie unwürdig. Ganz gleich, wie viele Fehler wir schon gemacht haben oder gegen welche Widerstände wir gerade kämpfen müssen. Seine Erwählung hängt nicht davon ab, wie perfekt wir sind oder wie glatt unser Leben bisher gelaufen ist. Alles, was er möchte und was ihn freut, sind unsere Treue, unsere Liebe und ein hingegebenes Herz.

Wir sind Gottes Siegelring! Er hält uns und trägt uns, weil wir ihm so kostbar und wichtig sind. Er gibt uns nicht aus der Hand. Wir dürfen sein „Familienwappen" an uns tragen, denn wir gehören ja zur „königlichen Familie". Paulus schreibt im Brief an die Gemeinde in Ephesus:

„Er hat euch sein Siegel aufgedrückt,
als er euch den Heiligen Geist schenkte,
den er jedem Glaubenden zugesagt hat."

Epheser 1,13

Der Heilige Geist, den Gott uns schenkt, ist sein Siegel-
abdruck auf uns. Und wir, die wir sein Zeichen tragen,
dürfen wiederum Gottes Spuren in dieser Welt hinterlassen und auf Christus hinweisen, der doch das ulti-
mative Siegel Gottes ist. Unser himmlischer Herrscher
schenkt uns dazu alles, was wir nötig haben. Er gibt uns
Anteil an seiner Würde und Autorität, auch wenn es uns
oft schwerfällt, das zu glauben. Seltsamerweise wird
Gott oft gerade dann am meisten in uns und durch uns
sichtbar, wenn wir uns schwach fühlen, krank sind oder
in anderer Hinsicht leiden. Vielleicht können wir darum
beten, dass Gott uns gerade in unserer Schwachheit als
seinen „Siegelring" gebraucht: dass die Menschen, deren Leben wir berühren, mit denen wir zu tun haben,
von Gott selbst berührt werden. Dass sie durch uns einen „Eindruck" davon erhalten, wer und wie Gott ist. Wir
dürfen dafür beten, dass Christus in unseren Worten
und Taten, auch in unserem Schweigen oder unserem
Leiden, für andere Menschen sichtbar wird.

Von Gottes Zeltstadt umgeben

„Als einer im Elend rief, hörte der Herr und half ihm aus allen seinen Nöten. Der Engel des Herrn lagert sich um die her, die ihn fürchten, und hilft ihnen heraus."

Psalm 34,7f.

Der große König David schrieb Psalm 34 in einer Zeit seines Lebens, in der es ihm innerlich und äußerlich schlecht ging, in der er um seine körperliche Unversehrtheit und sogar um sein Leben fürchten musste. Es lohnt sich, einmal den ganzen Psalm zu lesen, der Davids Not und Gottes Beistand in ausdrucksstarken Bildern beschreibt. Einem Bild wollen wir uns hier zuwenden.

„Der Engel des Herrn lagert sich um die her, die ihn fürchten, und hilft ihnen heraus."

Über den „Engel des Herrn" ist in der christlichen Literatur viel nachgedacht worden. Wer ist hier gemeint?

Dass Gott uns immer wieder seine dienstbaren Boten, die Engel, schickt, um uns zu beschützen, wird an vielen Stellen der Bibel deutlich. In Psalm 91 wird es so ausgedrückt:

„Denn er hat seinen Engeln befohlen, dass sie dich behüten auf allen deinen Wegen, dass sie dich auf den Händen tragen und du deinen Fuß nicht an einen Stein stoßest."

Psalm 91,11f.

Der „Engel des Herrn" kann aber auch Gott selbst meinen, der sich uns in seinen himmlischen Boten zuwendet und uns mit seiner Fürsorge umgibt:

„Und ich will mich selbst als Wache um mein Haus lagern."

Sacharja 9,8

Der große Theologe und Kirchenvater Augustinus, der im 4. Jahrhundert lebte, ist sogar davon ausgegangen, dass der „Engel des Herrn" in unserem Psalm ein prophetischer Hinweis auf Jesus Christus ist. Er selbst stehe uns bei in allen Nöten, denen wir scheinbar hilflos ausgesetzt sind.

Schaut man in den hebräischen Text hinein, so liest man da wörtlich, dass der Engel des Herrn „sein Zelt aufschlägt". Er nimmt Wohnung bei denen, die seine Hilfe brauchen, die in irgendeiner Art angegriffen sind. Er bildet einen Wall um sie herum und beschützt sie gegen die Feinde – all das liegt in dem Bild, das in unserem Vers verwendet wird.

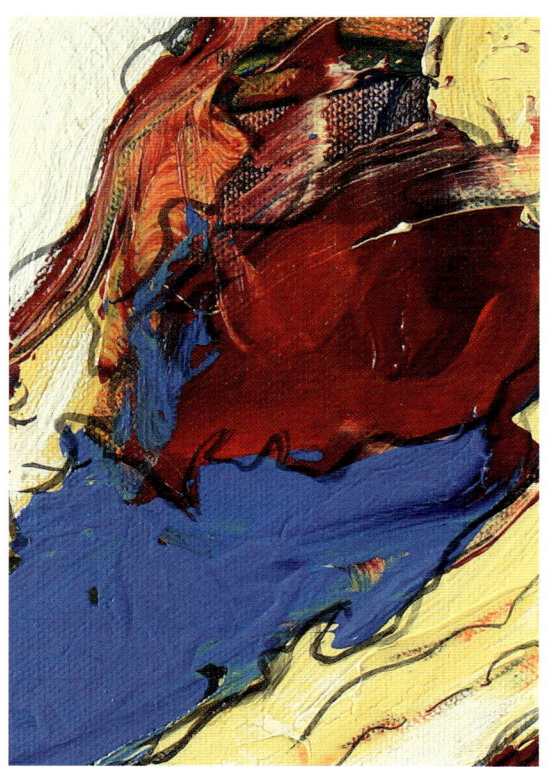

Ein starkes Bild. Ein wundervolles Bild. Gott selbst „zeltet" bei uns.

Auch im Johannesevangelium begegnet uns dieses – für unsere heutige moderne Zeit etwas fremd anmutende – Bild. Der Evangelist Johannes schreibt:

„Und das Wort ward Fleisch und wohnte unter uns …"
Johannes 1,14

Im griechischen Originaltext heißt es:

„Und das Wort ist Fleisch geworden
und hat unter uns sein Zelt aufgeschlagen."

In Jesus also „zeltet" Gott unter uns und bei uns. Ist das nicht fantastisch?

Ich für meinen Teil bin nie ein Fan des „Zeltens" gewesen. Nur einige wenige Male war ich bisher in meinem Leben zelten. In besonderer Erinnerung ist mir noch eine Nacht in einem kleinen Moskito-Zelt im Sudan, mitten in der Wüste. Zelten ist nicht besonders bequem, es ist sehr einfach. Und man ist zu sehr der Witterung ausgesetzt, in diesem Fall dem kühlen nächtlichen Wüstenwind. Es ist nichts, woran ich große Freude finde. Aber es ist für mich ein enormer Trost, mir vorzustellen: In Jesus Christus hat Gott viel größere „Unbequemlichkeiten" auf sich genommen, um bei uns zu „zelten". Er ist Mensch geworden wie wir, um zu wissen, was uns umtreibt, was uns Mühe oder Freude bereitet. Aus der Herrlichkeit des Vaters ist er herabgekommen in unsere Welt, in unser Leben, egal, wie „unbequem" oder arm und einfach das war. Oder wie beengend für den, der doch die Weiten des Universums kennt! Hier auf der Erde ist ihm ein scharfer Wind um die Ohren geweht und zum Schluss hat er viel leiden müssen. Dennoch hat Jesus sein Zelt bei uns aufgeschlagen, um uns helfen zu können. In Jesus hat Gott gelitten wie wir. Er kennt unsere Sorgen und Nöte in der Tiefe.

Gott will unser starker Schutz sein. Er umgibt uns mit seiner „Zeltstadt", in deren Mitte wir sicher und ruhig sein können. Was uns Not und Angst macht, darf und muss draußen bleiben, vor dem Lager, vor der Zeltstadt. Wir können Gott alles geben, was uns belastet, und ihn bitten, uns „herauszuhelfen". So hat es schon David getan, und er konnte erleben, dass Gott seine Hand auf ihn gelegt, ihn behütet und gesegnet hat.

$\mathcal{Z}$urück ins $\mathcal{L}$eben

„Als er das gesagt hatte, rief Jesus mit lauter Stimme: Lazarus,
komm heraus! Und der Verstorbene kam heraus, gebunden mit
Grabtüchern an Füßen und Händen, und sein Gesicht war verhüllt
mit einem Schweißtuch. Jesus spricht zu ihnen:
Löst die Binden und lasst ihn gehen."

Johannes 11,43f.

$\mathcal{D}$ie Geschichte der Auferweckung des Lazarus ist eine meiner Lieblingsgeschichten in der Bibel. Dazu kommt, dass ich schon das Privileg hatte, verschiedene „Lazarusorte" zu besuchen: Zum einen ist da das Dorf Bethanien an der Ostseite des Ölbergs, das heute ein arabisches Dorf ist und „al-Azariya" – „Lazarusort" – heißt. Hier waren der biblischen Tradition zufolge die Geschwister Maria, Martha und Lazarus zu Hause. Und hier wird noch heute das (leere) Grab von Lazarus gezeigt, in das ich schon öfter mit Freunden hinabgestiegen bin. Ein zweites Grab von Lazarus, in dem er dann auch tatsächlich beerdigt wurde, konnte ich in Larnaka auf Zypern besuchen.

Der frühchristlichen Tradition nach ging Lazarus nach seiner Auferweckung durch Jesus nach Zypern, wo er von Paulus und Barnabas als erster Bischof der Stadt eingesetzt wurde. Schließlich starb er und wurde dort später in einer Kirche beigesetzt. Im Jahr 890 fand man einen Sarkophag mit der Aufschrift „Lazarus, der Freund Christi". Der byzantinische Kaiser Leo VI. ließ dann über der Fundstelle eine neue Kirche errichten, da die alte zerstört worden war.

Heute kann man in der Krypta eine schöne alte Ikone aus dem 17. Jahrhundert sehen, die die Auferweckung des Lazarus außerhalb seines Heimatdorfes Bethanien zeigt. Jesus ist darauf zu sehen, wie er

die Hand zum Grab hinstreckt. In der Öffnung des in den Felsen gehauenen Grabes steht Lazarus, in weiße Grabbinden gewickelt. Ein junger Mann, vielleicht ein Freund von Lazarus, ist bereits dabei, ihn von den Grabtüchern zu befreien. In der Nähe stehen Verwandte und Dorfbewohner mit erstaunten Gesichtern und erschrockenen Gesten. Einer hält sich ein Tuch vor den Mund, wie um sich vor dem unangenehmen Geruch zu schützen, den er aus dem Grab heraus erwartet. Doch Lazarus hat bereits rosige Wangen, die Leichenblässe ist gewichen.

Jesus konnte Tote wieder zum Leben erwecken, in einem realen, physischen Sinn. Ich möchte den Bericht von Johannes, einem der Jünger Jesu, allerdings auch im übertragenen Sinn für uns deuten.

Christus kann uns wieder zum Leben erwecken – da, wo wir uns innerlich wie abgestorben fühlen. Er kann den Stein von unserem Herzen, von unserer Seele rollen und mit seinem Licht hineinscheinen, es wieder hell machen in uns. Er ruft uns heraus aus dem, was wir wie einen Kerker, eine Höhle, eine Grabkammer empfinden mögen. So, wie er damals seinen Freund aus dem Dunkel herausgerufen hat – „Lazarus, komm heraus!" –, kann er auch uns heute herausrufen und wieder

ans Licht, ins Leben bringen. „Susanne, komm heraus!", „Uwe, komm heraus!" Setzen Sie einmal Ihren eigenen Namen ein und stellen sich vor, dass Jesus Sie herausruft aus dem, was Sie vom wahren Leben, von Ihren Freunden, von ihm selbst trennt. Vielleicht ist es eine tiefe, anhaltende Melancholie oder Furcht, eine chronische Krankheit oder ein Trauerfall in der Familie. Was auch immer es ist, das Sie gefangen zu halten scheint – Christus kann Ihnen helfen. Selbst der physische Tod konnte seinen Freund Lazarus nicht halten. Er musste seinen Gefangenen freigeben, als Jesus seine Stimme erhob. Und die Freunde von Lazarus halfen, ihm die Grabbinden abzunehmen. So will Gott auch in unserem Leben handeln: Er schafft neues Leben aus dem Tod und stellt uns Menschen zur Seite, die uns dabei helfen, wieder lebendig zu werden, uns zu bewegen, Freiraum zu gewinnen – Schritt für Schritt.

Frühlingserwachen

„Die Blumen zeigen sich im Lande, die Zeit des Singens ist gekommen, und die Stimme der Turteltaube lässt sich hören in unserm Land."
Hohelied 2,12; Elberfelder

„Die Blumen zeigen sich auf dem Land, die Zeit des Singvogels ist da, und die Stimme der Turteltauben lässt sich hören in unserem Land."
Schlachter

Der Frühling ist eine wundervolle Zeit. Langsam erwacht die Natur aus dem Winterschlaf, frisches Gras sprießt, erste Blumen kommen aus dem Erdreich, die Knospen der Bäume öffnen sich, frühe Blüten zeigen sich, die Zugvögel kehren zurück und die Vögel zwitschern lauter und fröhlicher, als sie es im harten Winter getan haben. Die Sonne scheint länger und wärmer. Hoffnung und Freude liegen in der Luft. Die Natur tritt in einen neuen Zyklus von Werden, Blühen, Reifen und Vergehen ein. Die Menschen, denen wir begegnen, blicken fröhlicher, wirken energiegeladener, haben Lust zu feiern. Und uns selbst geht es nicht anders. Wie schön, dass nach der Kälte und Starre des Winters die Wärme und Lebendigkeit des Frühlings wiederkehrt! Gott hat sich die Jahreszeiten wirklich gut ausgedacht. Und mit ihnen gleich auch ein Bild dafür geschaffen, was im Leben eines Menschen vor sich geht.

Der Frühling kann nämlich nicht nur ein Symbol sein für den Frühling des Lebens, in dem wir noch energiegeladen, ungestüm, auch ein wenig „unfertig" und voller Potenzial sind. Die Jahreszeiten sind mir auch zu einem Sinnbild für bestimmte Phasen in unserem Leben geworden – Phasen, die sich durchaus öfter ereignen können. Jeder von

uns kennt sie, diese Zeiten, in denen der Winter Einzug gehalten zu haben scheint. Das Leben fühlt sich an, als würde es brach liegen. Als wäre ein Teil von uns erstarrt und kalt geworden. Vielleicht haben wir eine besorgniserregende Diagnose bekommen und müssen darauf warten, ob die medizinische Behandlung eine Besserung oder gar Heilung herbeiführt. Nun verläuft das Leben wie in Zeitlupe und es bleibt uns nichts anderes übrig, als das auszuhalten und zu warten. Vielleicht quälen uns aber auch Lebensängste, Melancholie oder Depression und wir haben uns in uns selbst zurückgezogen. Vielleicht schläft ein Talent oder eine Fähigkeit in uns, die wir aufgrund unserer momentanen Lebenssituation nicht einbringen können, und das macht uns unzufrieden. Wir wollen wachsen, blühen, doch alles scheint sich gegen uns verschworen zu haben. Lebensträume und Wünsche liegen auf Eis und wir wissen nicht, ob sie jemals zum Leben kommen.

Aber: Geben Sie den Mut und die Hoffnung nicht auf. Gott ist ein Gott des Lebens. Er kann das tun, was wir für unmöglich halten. Er kann die Trauergeister verscheuchen und uns die Lebensgeister und Lebensfreude zurückschenken – durch seinen Heiligen Geist, der in uns wirkt. Mit dem Licht seiner Liebe und Fürsorge kann er das erstarrte Land unserer Seele auftauen und vorbereiten, damit Neues

wachsen kann. Er kann helfen, dass wir nach einer harten Winterphase in unserem Leben, die uns verstummen ließ, wieder singen können. Vielleicht hören wir ganz neu seine Stimme in unserem Herzen, seine Stimme, die uns sagt:

„Wach auf, mein Kind, die Zeit des Singens ist gekommen. Breite die Flügel deiner Seele aus und flieg!"

Gott möchte uns ein neues Erwachen schenken – ein Erwachen in die Schönheit seiner Welt hinein. Er kann so vieles in uns wachsen lassen und zum Vorschein bringen – Vertrauen und Hoffnung, Freude und neue Energie, Produktivität und Gelassenheit, eine positive Sicht auf das Leben. Er, der Gärtner unserer Seele und unseres Herzens, ist in der Lage dazu.

Halten wir uns fest an ihm und nehmen wir die Hilfen in Anspruch, die er uns zur Verfügung stellt. Hilfen, die uns dabei begleiten, wieder ins Leben zurückzukehren: Ärzte, Seelsorger, Freunde, die Gemeinde, ein treuer vierbeiniger Freund, die Natur, die Musik, die Kunst, gute Literatur …

Gott hat viele Wege, um uns den Frühling zu bringen. Laden wir ihn ein, es zu tun.

Gott bahnt den Weg

„Ich mache einen Weg in der Wüste und Wasserströme in der Einöde."
Jesaja 43,19

„Die Täler sollen aufgeschüttet, die Berge und Hügel eingeebnet werden! Das Krumme soll gerade und das Raue glatt werden! Dann werden alle Menschen Gottes Heil sehen."
Lukas 3,5f.

Gehören Sie auch zu den Menschen, denen anstehende Herausforderungen oft zu großen Bergen werden, die sich scheinbar nicht überwinden lassen? In diesen Momenten wünscht man sich dann fast eine Art „Vogelperspektive". Es wäre doch schön, wenn wir wie mit einem Adlerauge von weit oben erkennen könnten, was hinter den „Bergen" liegt und ob es einen Weg hinüber gibt, den wir meistern können.

Ich bin schon öfter in der zerklüfteten Hügellandschaft der judäischen oder jordanischen Wüste unterwegs gewesen, mit Wanderern, die erfahrener waren als ich. Allein hätte ich wohl kaum einen sicheren Weg durch die meist kahle, heiße Gerölllandschaft gefunden. Manchmal schien es mir, als ob es hinter der nächsten Wegbiegung gar nicht mehr weiterginge. *Was, hier soll ein Weg zwischen diesen großen Felsen hindurchführen?* Und doch ging es weiter. Und doch war da ein Weg, eine Felsenschlucht, ein Wadi, das uns weiterführte und sich am Ende erweiterte zu einem kleinen Tal, einer weiten Ebene oder einer Oase.

Manchmal können diese Wege, gerade die Wege durch die Wüste, auch gefährlich sein, wenn man sie ahnungslos geht. Eines Tages

waren wir mit Freunden im Wadi Qelt unterwegs und standen gerade auf einer Brücke, als unter uns in der Schlucht, die man normalerweise gefahrlos durchwandern kann, eine große Flutwelle heranrollte. In den Bergen hatte es geregnet und die trockenen Flusstäler, die die judäische Wüste durchschneiden, füllten sich in Windeseile mit dem abfließenden Regenwasser. In diesem Moment waren wir sehr froh, dass wir uns für einen anderen, etwas höher gelegenen Weg entschieden hatten.

Gott macht einen Weg in der Wüste, sagt uns der Prophet Jesaja. Und im Lukasevangelium heißt es, dass Gott eines Tages alle Hindernisse aus dem Weg räumt – die Berge und Hügel einebnet, die Täler aufschüttet –, damit alle Menschen Jesus, den Heiland der Welt, erkennen können.

Einen Vorgeschmack darauf dürfen wir auch jetzt schon, mitten in unserem Alltag mit Gott, erfahren. Vielleicht haben Sie Angst, ob Sie den Berufseinstieg nach Kinderpause oder Krankheit wieder schaffen. Der erste Tag an der neuen Arbeitsstelle liegt wie ein Berg vor Ihnen. Oder Sie müssen ein wichtiges, klärendes Gespräch führen, das Ihre Zukunft beeinflussen wird – und es liegt wie ein schwerer Stein auf Ihrem Herzen. Vielleicht befinden Sie sich in einer Lebenssituation, die Ihnen so erscheint, als stünden Sie vor einer steilen, unüberwindlichen Felswand – kein Weg hindurch, kein Weg hinauf …

Erinnern Sie sich daran, dass Gott derjenige ist, der Ihnen eine Bahn schafft, wo Sie nur Berge und Hindernisse zu sehen vermögen.

Der die Hügel, je näher Sie ihnen kommen, gar nicht mehr so groß erscheinen lässt. Der mit Ihnen geht und Sie einen sicheren Weg durch die Wüste und die Einöde führt – vorbei an Schakalen, über gefährliche Schluchten, sicher durch die Trockentäler, an steilen Felswänden entlang. Diese Erfahrung haben Menschen zu allen Zeiten gemacht. Gott ist ein guter „Bergführer", ein ausgezeichneter und erfahrener „Wanderleiter". Ihm können Sie sich auf den Wegen Ihres Lebens, im Angesicht von schier unüberwindbar scheinenden Bergen von Problemen anvertrauen.

Diese Erfahrung konnten Menschen schon zu allen Zeiten mit dem Gott der Bibel machen. König David schreibt:

> *„Und ob ich schon wanderte im finstern Tal,*
> *fürchte ich kein Unglück; denn du bist bei mir,*
> *dein Stecken und Stab trösten mich."*
>
> Psalm 23,4

Auf den schwierigen Wegabschnitten unseres Lebens geht Gott uns voran. Ihm können wir folgen. Er reicht uns die Hand und hilft uns über die besonders gefährlichen Stellen, wenn der Weg schmaler und der Abgrund zu unserer Seite bedrohlicher zu werden scheint, hinweg. Wir dürfen darauf bauen:

> *„Er wird deinen Fuß nicht gleiten lassen."*
>
> Psalm 121,3

*I*m Angesicht der Angst –
bei *G*ott geborgen sein

*„Ein Fluss erfrischt die Stadt unseres Gottes, die heilige Wohnung
des Höchsten. Gott selbst wohnt in dieser Stadt, deshalb ist
sie uneinnehmbar. Gott wird sie jeden einzelnen Tag aufs Neue
beschützen. Die Völker sind in Aufruhr und Königreiche fallen, denn
Gott lässt seine Stimme erschallen, und die Erde vergeht!
Der allmächtige Herr ist bei uns; der Gott Israels ist unser Schutz."*

Psalm 46,5-8

*V*or einiger Zeit sagte ein Freund zu mir: „Wenn ich mir die Nachrichten ansehe und höre, was in der Welt alles so passiert, dann macht mir das schon ein wenig Angst."

Vielleicht können Sie seine Äußerung und sein Empfinden nachvollziehen. Da ist der Klimawandel, an dem wir Menschen sicher nicht ganz unschuldig sind. Extreme Wetterphänomene werden häufiger. Die Eisbedeckung am Nordpol nimmt ab. Die Ressourcen der Erde werden knapper, die Bevölkerungsdichte nimmt zu.

Zur Zeit Jesu lebten nur ca. 200 Millionen Menschen auf dem ganzen Erdball, so viele wie heute allein in Brasilien. In der Schule habe ich noch gelernt, dass die Erdbevölkerung 3,5 Milliarden Menschen betrage. Diese Zahl hat sich mittlerweile auf ca. 7 Milliarden verdoppelt. Am Ende dieses Jahrhunderts werden voraussichtlich über 12 Milliarden Menschen auf der Erde leben. Natürlich kann man sich da fragen: „*Vergeht die Erde*?" Wie viele Menschen verträgt unsere Welt? Wie werden sie satt werden? Wird es genug zu essen und sauberes Wasser für alle geben?

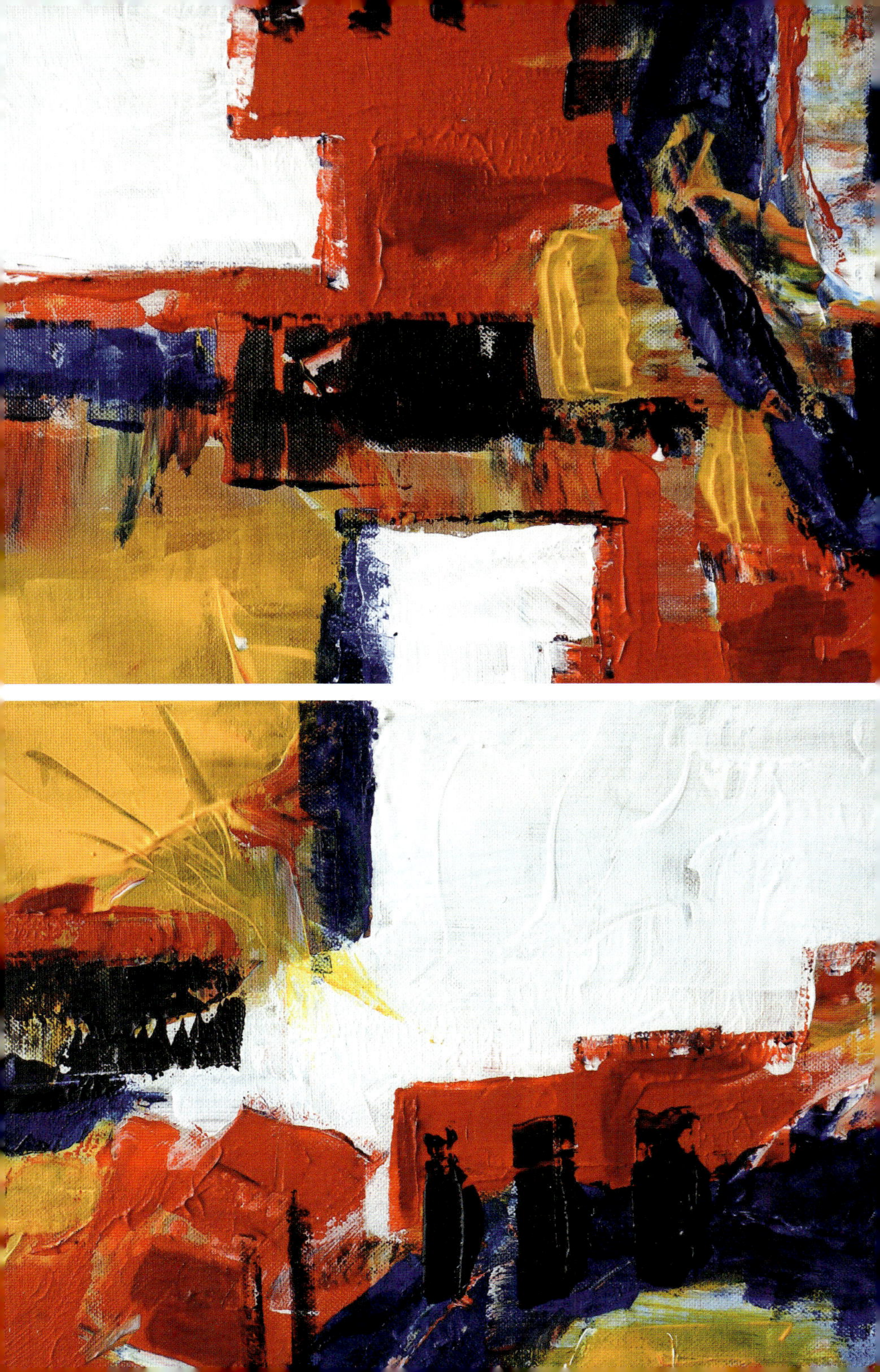

Doch damit nicht genug. Obwohl wir so modern und aufgeklärt zu sein meinen und vielleicht milde lächelnd auf das „finstere Mittelalter" herabschauen, steigen in der Gegenwart die Zahl der Kriege und bewaffneten Konflikte – *„Die Völker sind in Aufruhr und Königreiche fallen".* Die brutale Verfolgung und Ermordung von Christen mit nicht selten „mittelalterlichen" Methoden und grausamer Folter nimmt weltweit zu. Menschenrechte allgemein und die Rechte der Frauen im Besonderen werden in vielen Ländern der Erde (wieder neu) mit Füßen getreten. Ungefähr 29 Millionen Menschen leben weltweit als Sklaven, geknechtet durch Zwangsarbeit, Menschenhandel, Kinderehen, Prostitution, Einsatz als Kindersoldaten. Experten schätzen sogar, dass es noch nie zuvor so viele Sklaven gab wie heute! Vielleicht werden eines Tages Menschen auf *unsere* Zeit blicken und sie „das finstere 21. Jahrhundert" nennen?

Eigentlich ist das alles doch dazu angetan, dass wir uns entweder vor Zukunftsangst in eine Ecke verkriechen oder wie ein Vogel Strauß den Kopf in den Sand stecken. Die Ängste vor den Herausforderungen unserer Zeit können so übermächtig werden, dass wir uns entscheiden, die Augen vor der Wirklichkeit zu verschließen und lieber nur noch um uns selbst und unser kleines Leben zu kreisen. Wäre da nicht der „Gott-Faktor". Egal, wie trübe uns manchmal die Zukunft dieser Welt und damit auch unsere eigene Zukunft und die unserer Kinder erscheinen mag – Gott sitzt immer noch im Regiment. *„Der allmächtige Herr ist bei uns; der Gott Israels ist unser Schutz."* Wenn dem nicht so wäre, könnte man tatsächlich verzweifeln. So aber brauchen wir uns nicht den Zukunftsängsten zu überlassen, sondern können stattdessen Gott bitten, seinen starken Arm zu bewegen, seine mächtige Stimme erschallen zu lassen, den Kriegen Einhalt zu gebieten und uns zu helfen,

behutsamer mit unserer Welt und unseren Mitmenschen umzugehen.

Wenn Zukunftsangst sich unserer bemächtigen will, ist eines der besten Gegenmittel das Gebet.

„Des Gerechten Gebet vermag viel, wenn es ernstlich ist" (Jakobus 5,16), sagt uns die Bibel. Wir dürfen natürlich für uns selbst und unsere Lieben bitten, aber auch die nicht vergessen, denen es viel schlechter geht als uns. Und wir sollten offen sein dafür, was Gott uns zeigt: Wo können wir, auch wenn es uns nur wie ein Tropfen auf den heißen Stein erscheint, helfen, die Nöte unserer Welt zu lindern? Das fängt im Kleinen und schon in unserer Nachbarschaft an.

Gott möchte uns nicht nur die Angst nehmen, er möchte uns darüber hinaus zu Boten und Botinnen seines Friedens und seiner Gerechtigkeit machen – sei es zum Beispiel, dass wir uns für Flüchtlinge in unserer Region engagieren, maßvoll leben, gedankenvoll mit den Ressourcen unserer Natur umgehen oder anderes mehr. Gott kann uns zeigen, wo wir unsere persönlichen Schwerpunkte setzen sollen, um diese Welt zu erhalten und zu segnen. Auch das ist ein wertvolles „Gegenmittel" gegen ohnmächtige Angst: etwas *tun*, in der Kraft Gottes, zu seiner Ehre – für unsere Mitmenschen und unsere gute alte Erde, die Gott uns doch als irdische Heimat geschenkt hat.

Darüber hinaus haben wir als Christen die Hoffnung: Gott bereitet uns eine ewige Wohnung zu, die von niemandem zerstört werden kann, der Leid, Angst und Kriege fernbleiben müssen, in der Gerechtigkeit und Barmherzigkeit herrschen:

„Gott selbst wohnt in dieser Stadt, deshalb ist sie uneinnehmbar.
Gott wird sie jeden einzelnen Tag aufs Neue beschützen."

Auf dem Weg in eine gute Zukunft

„Und der HERR zog vor ihnen her, am Tage in einer Wolkensäule,
um sie den rechten Weg zu führen, und bei Nacht in einer Feuersäule,
um ihnen zu leuchten, damit sie Tag und Nacht wandern konnten.
Niemals wich die Wolkensäule von dem Volk bei Tage noch die
Feuersäule bei Nacht.“

2. Mose 13,21f.

Die Israeliten haben Ägypten verlassen. Ein Land, in dem sie viel Leid erlebt haben und auf vielerlei Weise unfrei waren. Dennoch glaubten sie zu wissen, was sie an Ägypten hatten. Sie kannten das Leben dort. Auch in der Unfreiheit und Sklaverei kann man sich schließlich einrichten. Doch nun ist alles neu. Gott hat ihnen Freiheit und eine bessere Zukunft versprochen. Der Weg dahin führt sie allerdings erst einmal durch die Wüste. Weil Gott weiß, dass sie das nicht lange ohne seine sichtbare Gegenwart und Führung aushalten, sondern bei den ersten Anzeichen einer Durststrecke wieder in das Land der Sklaverei zurückkehren würden, hat er Vorsorge getroffen. Er selbst führt sie an. Um ihretwillen tut er das sichtbar, sodass sie sich seiner Gegenwart ganz gewiss sein können – am Tag durch die Wolkensäule und bei Nacht durch eine Feuersäule, die ihnen den Weg in der Dunkelheit erleuchtet.

Selbst später, als die Israeliten schon die Stiftshütte gebaut hatten, das sichtbare Zeichen des „Gott mit ihnen" und ein Ort der Begegnung mit Gott, führte der Herr sie noch durch diese Wolke:

*„Und immer, wenn die Wolke sich erhob von der Wohnung,
brachen die Israeliten auf, solange ihre Wanderung währte.
Wenn sich aber die Wolke nicht erhob, so zogen sie nicht weiter bis
zu dem Tag, an dem sie sich erhob. Denn die Wolke des Herrn war bei
Tage über der Wohnung, und bei Nacht ward sie voll Feuers vor den
Augen des ganzen Hauses Israel, solange die Wanderung währte.“*

2. Mose 40,36-38

Gott gibt sogar selbst das Zeichen zum Aufbruch! Die Israeliten brauchen nur die Wolke der Gegenwart Gottes zu beobachten und wissen, ob sie bleiben oder weitergehen sollen und wo der sicherste Weg durch die Wüste ist.

Beneidenswert! Ich hätte auch oft gerne ein so sichtbares Zeichen der Führung Gottes, besonders dann, wenn „Wüstenzeit" angesagt ist. Vielleicht kennen Sie das auch: Wenn es uns gut geht, fragen wir meist gar nicht so sehr danach, welchen Weg *Gott* denn nun für uns hat. Da sind wir froh, dass wir „unser Ding" machen können. Aber wenn der Weg steinig wird; wir eine lange Durststrecke erleben; keine Oase in Sicht ist; wenn wir nicht mehr wissen, wie wir unversehrt aus unserer momentanen Lage herauskommen sollen; wenn wir keine Hoffnung mehr haben, dass wir in näherer Zukunft ein gutes Land

erreichen – dann beginnen wir wieder, nach Gottes Führung und Hilfe zu fragen.

Wir bitten ihn, uns bei der Hand zu nehmen und Schritt für Schritt zu leiten. Vielleicht zweifeln wir aber auch (weil Gott uns leider nicht, wie den Israeliten damals, in so ganz „offen-sichtlicher" Weise vorausgeht). Kann Gott wirklich etwas an unserem kleinen, unscheinbaren Leben gelegen sein? Daran, wie es uns gerade geht? Interessiert es ihn, in welcher persönlichen Wüstenei wir gerade herumirren?

Ja! Gott ist an uns gelegen! Er interessiert sich für uns! Er freut sich, wenn wir endlich, endlich nach seiner Führung und Hilfe fragen. Er sucht uns sogar mitten in unserer Wüste auf, wie einst Hagar, die, von Abram verstoßen, allein in der Wüste dahinvegetierte:

„Aber der Engel des Herrn fand sie bei einer Wasserquelle in der Wüste, nämlich bei der Quelle am Wege nach Schur. (…) Und sie nannte den Namen des Herrn, der mit ihr redete: Du bist ein Gott, der mich sieht.“

1. Mose 16,7+13

Was Hagar einst bezeugte – *Du bist ein Gott, der mich sieht, mitten in der Wüste* –, das ist auch heute noch wahr. Für Sie. Für mich. Für uns. Gott möchte uns leiten und uns segnen. An seiner Seite und in seinen Fußspuren dürfen wir wieder Hoffnung fassen. Die Wüste wird sich nicht ewig ausdehnen. Eines Tages werden wir, mit Gottes Hilfe, hindurch sein und neues Leben schmecken dürfen. Gott verspricht uns:

„Denn ich allein weiß, was ich mit euch vorhabe: Ich, der Herr, werde euch Frieden schenken und euch aus dem Leid befreien. Ich gebe euch wieder Zukunft und Hoffnung.“

Jeremia 29,11

Mit Christus im Bunde

„Einer mag überwältigt werden, aber zwei können widerstehen,
und eine dreifache Schnur reißt nicht leicht entzwei."

Prediger 4,12

„Denn wo zwei oder drei versammelt sind in meinem Namen,
da bin ich mitten unter ihnen."

Matthäus 18,20

Die Worte aus dem Buch „Prediger" werden seit den Tagen der frühen Kirche dem großen König Salomo zugeschrieben. In diesem Buch finden sich viele wertvolle Lebensweisheiten. Für mich ist es, zusammen mit dem Buch der Sprüche und dem Hohelied, für die ebenfalls Salomo als Verfasser genannt wird, eine wahre Schatztruhe.

Salomo verwendet in unserem Vers das Bild eines dreifachen Seiles, um den Wert von Zusammenarbeit, Gemeinschaft und Freundschaft zu illustrieren:

Starke Seile können schwerste Lasten tragen. Ein zweifaches Seil, obwohl besser als eines, das aus nur einem Strang besteht, kann sich viel leichter auflösen als ein Seil, das aus drei Strängen zusammengewebt ist. Die Belastbarkeit und Stärke eines dreifachen Seiles war in der antiken Welt sprichwörtlich.

Das Bild, das Salomo hier verwendet, können wir auf unterschiedliche Lebensbereiche anwenden: den Bereich der Zusammenarbeit – in der Gemeinde oder am Arbeitsplatz zum Beispiel –, den Bereich der Ehe und den Bereich unserer Freundschaft mit Gott. Und da wir als Christen in vielen Worten des Alten Testamentes schon einen ver-

borgenen Hinweis auf Christus erkennen, könnten wir in dem Bild der dreifachen Schnur sogar ein Symbol für die Trinität vermuten – Gott, obwohl einer, ist in sich selbst doch drei: der Vater, der Sohn und der Heilige Geist. Gemeinsam sind sie stark. Ihre Gemeinschaft ist unzerbrüchlich.

Doch konzentrieren wir uns zunächst auf den Bereich der Freundschaft. Die Bibel weist uns an vielen Stellen darauf hin, dass wir zur Gemeinschaft geschaffen sind. Allein, isoliert, können wir weder unseren Glauben leben noch auf Dauer das Leben meistern.

Vielleicht sind Sie gerade in einer Situation oder einer Phase in Ihrem Leben, in der Sie sich am liebsten von allen Menschen zurückziehen würden. Sie sind enttäuscht und verletzt worden. Oder aber Ihre sozialen Ängste sind so übermächtig geworden, dass Sie sich nicht mehr unter Menschen trauen, aus Angst, sich zu blamieren. Dann ist es vielleicht wichtig, noch einmal zu hören, was der weise König Salomo in den Sprüchen dazu aufgeschrieben hat:

„Wer sich absondert, geht nur seinen eigenen Wünschen nach;
er verweigert alles, was heilsam ist."
Sprüche 18,1

Wenn Sie aus irgendeinem Grund nicht unter Menschen gehen können, weil Sie Angst haben, suchen Sie sich Hilfe. Ein einsames Leben ist nicht das, was Gott für Sie im Sinn hat. Sie haben der Welt etwas zu geben. Und die Menschen um Sie herum – Ihre Familie, Freunde, Gemeindeglieder – haben *Ihnen* etwas zu geben. Wissenschaftliche Studien deuten sogar darauf hin, dass Menschen mit starken, tragfähigen sozialen Kontakten glücklicher sind und länger leben. Gemeinschaft ist *heilsam.*

Wenn Sie nicht unter Menschen gehen möchten, weil Sie nicht wollen – vielleicht weil Sie öfter enttäuscht wurden und nun misstrauisch und bitter geworden sind –, dann ist es an der Zeit, an Ihrer Einstellung zu arbeiten. Mit Hilfe von Gott, von Seelsorgern, Therapeuten, Freunden.

„Es ist nicht gut, dass der Mensch alleine sei", sagt uns die Bibel – und das gilt nicht nur in Bezug auf die Ehe. Wir sind für die Gemeinschaft mit anderen geschaffen. Nur in der Beziehung zu Gott *und* in der

Beziehung zu anderen können wir ein erfülltes Leben und unsere Bestimmung finden.

Das Bild vom dreifachen Seil wird immer wieder auch als Sinnbild für eine Ehe gesehen, in der die Partner nicht nur auf sich selbst fixiert, sondern mit „Christus im Bunde" sind. Dass die Ehe nur dann gelingen kann, wenn die Partner Christus sozusagen in ihre Mitte nehmen, war schon für die ersten Christen selbstverständlich. Aus byzantinischer Zeit wurden viele Eheringe gefunden, in denen diese geistliche Wahrheit bildlich dargestellt wurde: Zwischen Braut und Bräutigam steht Christus, der sie in einer Segensgeste verbindet. Christus, der Dritte im Bunde. Christus, durch den das Band der Ehe erst unverbrüchlich und stark wird.

Vielleicht sind Sie gerade in einer schwierigen Phase Ihrer Ehe oder müssen zusammen schwierige, stürmische Zeiten meistern. Wenn möglich, wenn Sie und Ihr Partner Christen sind, nehmen Sie Jesus ganz neu in „Ihre Mitte". Beten Sie für Ihren Partner, segnen Sie ihn im Stillen im Namen Gottes. Beten Sie für Ihre Ehe. Vielleicht können Sie sogar miteinander für Ihre Ehe und alle Herausforderungen beten, vor denen Sie gerade stehen. Jesus verbindet Sie miteinander. Und Jesus in Ihrer Mitte kann Sie auch in guter, gesunder Weise voneinander trennen und voreinander bewahren: An seinem Kreuz können Sie niederlegen, wo Sie von Ihrem Partner verletzt worden sind. An seinem Kreuz können Sie Vergebung finden, wenn Sie Ihrem Partner wehgetan haben. Durch sein Kreuz ist Heilung für Sie selbst, für Ihre Ehe und ein Neuanfang möglich. Auch hier gilt: Unterschätzen Sie die Kraft der christlichen Gemeinschaft nicht, die Gott uns schenkt. Sprechen Sie und Ihr Partner mit einem anderen, vertrauenswürdigen Ehepaar über Probleme, die Sie nicht zu zweit meistern können. Holen Sie sich Rat und Hilfe durch Freunde, ihren Hauskreis, Seelsorger, Therapeuten. Bleiben Sie nicht allein – auch nicht „zu zweit allein" – mit Ihren Sorgen und Problemen.

„Wer sich absondert (...) verweigert alles, was heilsam ist", doch: „Einer mag überwältigt werden, aber zwei können widerstehen, und eine dreifache Schnur reißt nicht leicht entzwei."

Frühstück mit Jesus

„Als es aber schon Morgen war, stand Jesus am Ufer, aber die Jünger wussten nicht, dass es Jesus war. Spricht Jesus zu ihnen: Kinder, habt ihr nichts zu essen? Sie antworteten ihm: Nein. Er aber sprach zu ihnen: Werft das Netz aus zur Rechten des Bootes, so werdet ihr finden. Da warfen sie es aus und konnten's nicht mehr ziehen wegen der Menge der Fische."

Johannes 21,4-6

Jesus ist auferstanden. Er besucht seine Freunde am See Genezareth. In der Morgendämmerung steht er am Ufer. Die Jünger erkennen ihn aus der Ferne nicht sofort. Vielleicht rechnen sie aber auch gar nicht mit ihm. Damit, dass er lebt und nicht vom Tod verschlungen wurde. Damit, dass er zu ihnen kommt, mitten in ihren Alltag, und sich um sie kümmert. Warum auch immer, sie erkennen ihn zunächst nicht. Ich finde es bemerkenswert, dass das Allererste, was Jesus zu seinen Freunden sagt, die erste Frage, die er ihnen stellt, lautet: *Kinder, habt ihr nichts zu essen?* Wie viel Fürsorge, Liebe und auch Bodenständigkeit liegt in dieser Frage. Jesus, der Sohn Gottes, ist ganz pragmatisch. Er sagt nicht zuallererst: „Ich bin's, Jesus! Was tut ihr hier noch? Ich bin auferstanden! Los geht's, wir müssen sofort die Welt retten!" Nein. Jesus sorgt zuerst dafür, dass seine Freunde, die erschöpft, müde und hungrig sind, etwas zu essen bekommen. Er zeigt ihnen, wo sie ihr Netz auswerfen sollen. Und ... wer weiß? Vielleicht hat er, der Herr ist über Wellen und Wind, einen großen Fischschwarm direkt in das Netz der Jünger dirigiert. Die Freunde von Jesus, vollkommen überwältigt und erstaunt, ziehen das Netz vorsichtig in Richtung Ufer. Nun erkennen sie, wer das ist, der sie versorgt: ihr Herr und Meister Jesus. Petrus springt

schon mal ins Wasser und schwimmt eilig an Land, um als Erster bei Jesus zu sein. Er ist außer sich vor Freude. Als die anderen endlich auch ans Ufer gelangen, kommt es zu einer erstaunlichen Szene:

„Als sie nun ans Land stiegen, sahen sie ein Kohlenfeuer und Fische darauf und Brot. Spricht Jesus zu ihnen: Bringt von den Fischen, die ihr jetzt gefangen habt! (…) Spricht Jesus zu ihnen: Kommt und haltet das Mahl! Niemand aber unter den Jüngern wagte, ihn zu fragen: Wer bist du? Denn sie wussten, dass es der Herr war. Da kommt Jesus und nimmt das Brot und gibt's ihnen, desgleichen auch die Fische."

Johannes 21,9f.+12f.

Jesus hat das Frühstück zubereitet. Ganz einfach. Ganz praktisch. Er sorgt sich um seine Freunde, ganzheitlich. Er weiß, was sie gerade am dringendsten brauchen. Ruhe. Wärme. Essen. Gemeinschaft.

Gott ist einfach wundervoll. Er kennt uns bis in jede Faser unseres Körpers, in jede Regung unseres Herzens, in jeden Winkel unseres Verstandes hinein. Er weiß, was wir gerade am nötigsten haben.

Für mich ist dieser Bericht von Johannes, einem der Jünger Jesu, die damals dabei waren, wichtig und tröstlich.

Gott geht es nicht darum, dass ich für ihn große Dinge in der Welt bewege oder für ihn arbeite, bis ich am Rande der Erschöpfung (oder

schon darüber hinaus) bin. Er liebt mich mit all meinen Macken, Begrenzungen, Schwächen. Und natürlich auch mit meinen Stärken und Fähigkeiten. Er sorgt sich nicht nur um mein Seelenheil, sondern auch um mein körperliches Wohlergehen. Da Gottes Sohn selbst auf der Erde gewesen ist, lebt er nicht „mit dem Kopf in den Wolken", in höheren Sphären, entrückt von den normalen menschlichen Nöten und Bedürfnissen. Nein. Er weiß, dass wir Nahrung für unseren Körper brauchen. Ruhe. Auszeiten. Nahrung für unsere Seele. All das ist wichtig, all das darf und soll sein.

Sicherlich aber kennen wir alle Menschen (oder sind vielleicht selbst welche), die sich für Gott verausgaben, bis über den Rand ihrer Leistungsfähigkeit hinaus. Die sich nicht genug Zeit nehmen, um ihrem Körper (und ihrer Seele) Gutes zu tun – mit ausgewogenem, gesundem, regelmäßigem Essen. Mit Ruhezeiten. Mit guten Gesprächen unter Freunden. Manche unter uns scheinen dafür keine Zeit zu haben. Denn da ist ja das Reich Gottes, das gebaut werden will.

Doch wenn selbst Jesus, der Sohn Gottes, sich die Zeit nahm, seinen Freunden ein gutes Essen zuzubereiten; mit ihnen zu ruhen; mit ihnen zu reden … wer sind wir, dass wir meinen, wir bräuchten das nicht?

Wenn Sie müde und ausgelaugt sind, getrieben von Ihrer Arbeit im Beruf oder Ihrem Dienst in der Gemeinde – dann ist es vielleicht an der Zeit, innezuhalten. Sich bewusst zu werden: Gott sorgt sich um mich. Um das Wohl meines Leibes und meiner Seele. Ich darf bei ihm zur Ruhe kommen. Ich darf (und muss?) mein Lebenstempo verlangsamen. Ich darf mir Zeit nehmen für ein gutes Essen. Ich darf Ruhezeiten in meinen Alltag einbauen, ohne schlechtes Gewissen. Ich darf mich freuen über ein aufbauendes Gespräch unter Freunden.

„Kommt und haltet das Mahl!", sagt Jesus auch zu uns. Ich glaube, damit meint er auch: „Ich will dich satt machen und deinen Durst stillen. Ich freue mich, wenn es deinem Körper und deiner Seele gut geht. Du darfst auf dich achten. Ich achte doch auch auf dich!"

„Als sie nun das Mahl gehalten hatten, spricht Jesus zu Simon Petrus: Simon, Sohn des Johannes, hast du mich lieber, als mich diese haben? Er spricht zu ihm: Ja, Herr, du weißt, dass ich dich lieb habe. Spricht Jesus zu ihm: Weide meine Lämmer!"

Johannes 21,15

Erst als die Jünger ausgeruht und gestärkt sind, weist Jesus sie über ihre elementaren Bedürfnisse hinaus auf etwas noch Wichtigeres hin: „Liebst du mich? Gehört dein Herz mir? Dann komm, lass uns zusammen in dieser Welt etwas bewirken!"

Gott segnet uns, und wir dürfen für andere ein Segen sein. Gott versorgt uns, und wir dürfen für andere Menschen Versorger sein.

Gott zählt unsere Tränen

*„Zähle die Tage meiner Flucht, sammle meine Tränen in deinen Krug;
ohne Zweifel, du zählst sie.“*
Psalm 56,9, Luther

*„Meine Heimatlosigkeit hast du abgemessen. Gieße meine Tränen in
deinen Schlauch! Stehen sie nicht in deinem Verzeichnis?“*
Elberfelder

Als König David die Worte dieses Psalms schreibt, hat er schon viele Tage der Flucht hinter sich und viele Tränen geweint.

Er musste sich von seiner Heimat, seiner Familie und seinem besten Freund Jonathan trennen, weil König Saul ihm aus Eifersucht wie besessen nach dem Leben trachtete. Doch bevor er sich auf die Wanderschaft in eine unsichere Zukunft begab, vergoss er zusammen mit Jonathan bittere Tränen. Sie weinten darum, dass sie einander als Freunde verlieren würden; dass das Leben, so wie sie es bisher kannten, unwiederbringlich verloren war.

Als David einige Zeit später die Worte dieses Psalms verfasst, weiß er, wovon er spricht. Seine Befürchtungen haben sich bewahrheitet. Er ist heimatlos – innerlich und äußerlich. Gerade ist er einer gefährlichen Situation entronnen, da wartet schon die nächste auf ihn: Er ist von den Philistern in Gat gefangen genommen worden und muss erneut um sein Leben fürchten. Er verstellt sich, gibt den unzurechnungsfähigen Wahnsinnigen, spielt seinen Feinden etwas vor, was er nicht ist, nur um sein Leben zu erhalten.

Innerlich und äußerlich getrieben; heimatlos; gezwungen, sein

wahres Ich zu verstecken und Masken zu tragen – das ist wahrlich Grund zum Weinen für David.

Nicht zuletzt betrauert er auch seine großen Verluste – Familie, Freunde, Heimat.

Dennoch kann er Gott hoffnungsvoll bitten: *„Sammle meine Tränen in deinen Krug; ohne Zweifel, du zählst sie."*

Im Hebräischen steht hier statt „Krug" eigentlich ein Wort, das einen Schlauch aus Ziegenleder bezeichnet. Er wurde von den Menschen zur Zeit des Alten Testamentes verwendet, um Flüssigkeiten wie Wasser darin aufzubewahren.

Im alten Orient hat es wohl auch eine Tradition gegeben, die Tränen von Menschen, die um ihre Verstorbenen trauerten, in Gefäßen aufzufangen. Diese „Tränenfläschchen" aus Ton, Stein oder Glas wurden dann dem Grab des Verstorbenen beigegeben, sozusagen als letzte Liebesgabe und Zeichen der Verbundenheit.

David weiß mitten in seiner Trauer und Ohnmacht: Gott zählt meine Tränen. Er „sammelt" sie. Bei ihm sind sie nicht vergessen. Er schreibt sie in sein „Verzeichnis", in seine Schriftrolle, in sein „Erinnerungsbuch". Davids Tränen sind wertvoll für Gott. Sie sind es wert, beachtet zu werden.

Was bedeutet das für uns?

Vielleicht trauern auch wir um ein Leben, das unwiederbringlich verloren ist; den Verlust der Heimat oder der Familie; den Verlust eines geliebten Menschen; den Verlust der Geborgenheit. Wir fühlen uns hin- und hergeworfen, innerlich oder äußerlich heimatlos. Dennoch dürfen wir wie David wissen: Unsere schlaflosen Nächte, unsere Gebete, unsere Tränen sind bei Gott nicht vergessen. Nein, er versichert uns:

„Ich habe dein Gebet gehört und deine Tränen gesehen."

Jesaja 38,5

Gott nimmt unsere Tränen ernst. Deshalb dürfen auch wir sie ernst nehmen. Wir dürfen sie weinen und brauchen sie nicht zu unterdrücken. Wir dürfen uns Zeit nehmen, zu trauern. Wir dürfen uns in unserer Lage an Gott klammern und ihn bitten, in unsere Trauer und Not hineinzukommen. Dabei können wir uns von Davids Hoffnung und Zuversicht inspirieren lassen. Gott trägt uns durch. Ja, er kann aus unseren Tränen sogar eine Saat werden lassen, aus der irgendwann Segen erwächst. So bekennt der Beter des 126. Psalms aus eigener Erfahrung:

„Die mit Tränen säen, werden mit Freuden ernten.
Sie gehen hin und weinen und streuen ihren Samen
und kommen mit Freuden und bringen ihre Garben."

Psalm 126,5f.

Im Leben gibt es oft Grund zu Trauer. Doch ich finde es ermutigend, dass es einen gibt, an den wir uns in unserer Trauer halten können – Jesus Christus, der selbst geweint und getrauert hat, der selbst Leid erlebt hat, und der doch zum Leben durchgedrungen ist. Wegen ihm, unserem Erlöser, haben wir überhaupt erst eine Hoffnung auf Trost in unserer Trauer, die über dieses Leben hinausreicht. Die Bibel verspricht uns:

„Und Gott wird abwischen alle Tränen von ihren Augen,
und der Tod wird nicht mehr sein, noch Leid noch Geschrei
noch Schmerz wird mehr sein, denn das Erste ist vergangen.
Und der auf dem Thron saß, sprach: Siehe, ich mache alles neu!"

Offenbarung 21,4f.

Vertrauensvoll auf Gott sehen

„Ich hebe meine Augen auf zu den Bergen. Woher kommt mir Hilfe?
Meine Hilfe kommt vom Herrn, der Himmel und Erde gemacht hat.
Er wird deinen Fuß nicht gleiten lassen,
und der dich behütet, schläft nicht."

Psalm 121,1-3

Psalm 121 ist sicher bei vielen von uns bekannt und geschätzt. Schon seit Tausenden von Jahren haben diese Worte Menschen auf ihrem Weg durchs Leben begleitet und ihnen Zuversicht und Hoffnung vermittelt.

Ursprünglich gehörte dieser Psalm zu einer Reihe von „Wallfahrtsliedern", die von israelitischen Pilgern auf ihrem Weg nach Jerusalem gesungen wurden. Zu den großen biblischen Festen – dem Passahfest, dem Wochenfest und dem Laubhüttenfest – kamen die Israeliten von überallher nach Jerusalem gepilgert, um diese Tage im Tempel zu begehen und Gott anzubeten. Da sie Menschen waren wie wir, haben sie auf dieser Reise vieles im „Gepäck" gehabt, was wir heute auch noch kennen: Freude und Trauer, Hoffnung, Enttäuschung, Angst, Zuversicht … So, wie sie waren, haben sie sich auf den Weg gemacht, um ihren Gott anzubeten.

Da Jerusalem rund 800 Meter hoch im Judäischen Bergland liegt, mussten die Pilger „hinaufschauen" und „hinaufsteigen" – sicher mit gemischten Gefühlen. Was würde sie in den Bergen um Jerusalem herum erwarten? Räuber? Wilde Tiere? Gefährliche Wege? Durst?

Aber: Sie sahen auch mit positiver Erwartung hinauf – denn dort oben, in Jerusalem, stand der Tempel ihres Gottes. Dort, in der Gegenwart des Herrn, würden sie ihre mitgebrachten inneren Lasten ablegen

und bei Gott zur Ruhe kommen können. Dort würden sie gemeinsam mit anderen Gläubigen beten und feiern im Vertrauen darauf, dass Gott ihnen half und sich ihrer erbarmte.

Der Berg, auf dem Jerusalem und der Tempel lagen, wurde für sie während der Reise sicher immer mehr zu einem „Sehnsuchtsziel" – einem Ort, an dem sich Himmel und Erde begegneten. Einem Ort, an dem sie dem „Hüter Israels" in ganz besonderer Weise und Atmosphäre begegnen konnten.

Auch Jesus selbst reiste, nach seiner ersten „Wallfahrt" nach Jerusalem im Alter von 12 Jahren, öfter zu den großen Festen nach Jerusalem. Dabei hat er wahrscheinlich, wie die anderen auch, Pilgerlieder wie den 121. Psalm gesungen. Auch er hat zu den Bergen aufgesehen, in denen Jerusalem liegt. Auch er hat zu seinem himmlischen Vater aufgeschaut, von dem ihm Hilfe kommt. Er, Jesus, von dem es später doch selbst hieß:

„Lasst uns ablegen alles, was uns beschwert, (...) und (...) laufen mit Geduld in dem Kampf, der uns bestimmt ist, und aufsehen zu Jesus, dem Anfänger und Vollender des Glaubens."

Hebräer 12,1f.

Ganz gleich, was wir an Lasten und innerem Reisegepäck mit uns herumschleppen: Wir sollten es unseren Vorbildern im Glauben gleichtun und auf Gott und Jesus Christus schauen. Er hilft uns gerne. Er möchte uns unsere Lasten abnehmen. In seiner Gegenwart können wir neuen Lebensmut und wieder Freude finden. Bei ihm dürfen wir auch zur Ruhe kommen. Er, unser Hüter, kann uns inneren Frieden schenken. Wir dürfen uns bei ihm ausruhen – doch er „schläft" nicht. Er wacht über uns wie ein Vater über seine Kinder. Er tadelt uns nicht, wenn wir mit unseren Ängsten und Sorgen zu ihm kommen, sondern empfängt uns gerne und hat ein offenes Herz und offene Ohren für uns.

Das bezeugt der Beter eines anderen Psalms, wenn er sagt:

> *„Alle, die zu ihm aufschauen, werden strahlen vor Freude!*
> *Nie werden sie beschämt sein."*
>
> Psalm 34,6

Wir können jeden Morgen, jeden Tag neu voller Hoffnung zu Gott aufschauen, zu ihm rufen, mit ihm sprechen, im Bewusstsein seiner Gegenwart den Tag angehen. In Christus hat uns Gott sein liebevolles, gnädiges Gesicht zugewandt. Gott beschämt uns nicht. Er ist unsere Hilfe. Er ist unsere Freude. Er ist unser Leben.

Von Gott beschenkt

„Gott ist gnädig und hat uns unterschiedliche Gaben geschenkt."
Römer 12,6

Neigen Sie dazu, sich mit anderen zu vergleichen? Glauben Sie manchmal, dass Sie ein „Stiefkind Gottes" sind? *„Was kann ich schon Besonderes? Welche Talente habe ich eigentlich?"* Viele von uns haben so oder ähnlich schon einmal gedacht. Wir beobachten die Menschen um uns herum und schneiden dabei in unseren eigenen Augen oft viel schlechter ab. Da ist zum Beispiel die Frau, die im Chor unserer Gemeinde immer so schöne Solos singt. Oder der Mann, der im Musikteam so virtuos Klavier spielt ... der Pastor, der so gut predigt ... die Gemeindereferentin, die so viele kreative Ideen entwickelt ... unser Kollege am Arbeitsplatz, der für jedes Problem eine Lösung parat hat ... die Mutter, die so geduldig mit ihren Kindern umgeht ... die Freundin, in deren Wohnung alles immer so schön dekoriert ist ... und und und ...

Als Gott die Gaben und Talente verteilt hat, haben wir nicht gerade „hier" geschrien – so empfinden wir es vielleicht manchmal. Wir werden unzufrieden mit uns, traurig, deprimiert.

„Braucht mich die Welt überhaupt? Welchen Beitrag kann ich schon leisten?"

Wenn wir so oder ähnlich denken, dann ist ein „Realitäts-Check" ganz wichtig:

Legen Sie für sich selbst einmal eine Liste von Dingen an, die Sie gerne machen; die Ihnen Freude bereiten; die Sie ganz gut (für die Tiefstapler unter uns: recht passabel) hinkriegen. Falls Ihnen selbst nicht so viel einfallen sollte, fragen Sie gute Freunde oder Bekannte, welche Fähigkeiten diese an Ihnen schätzen. Schreiben Sie sich auf, was Sie von

ihnen hören. Mitunter sehen andere Menschen in uns viel mehr und ganz andere Dinge als wir selbst. Nehmen Sie das Positive an, das Sie von Ihren Freunden hören, auch wenn es Ihnen nicht leichtfällt.

Und vor allem: Nehmen Sie das ernst, was Gott uns in der Bibel verspricht:

„Gott ist gnädig und hat uns unterschiedliche Gaben geschenkt."

Römer 12,6

„Dient einander, ein jeder mit der Gabe, die er empfangen hat, als die guten Haushalter der mancherlei Gnade Gottes."

1. Petrus 4,10

„Alle gute Gabe und alle vollkommene Gabe kommt von oben herab, von dem Vater des Lichts."

Jakobus 1,17

Gott gibt Gaben. *Jeder* von uns hat Gaben. Jeder. Aber wir haben nicht alle dieselben Gaben erhalten, sondern *unterschiedliche*. In der Bibel lesen wir allerdings nichts davon, dass eine Gabe wichtiger wäre und die andere unbedeutender.

Im Gegenteil: Jede unserer Fähigkeiten, und wenn sie uns auch noch so unbedeutend erscheinen mag, wird gebraucht. Wenn wir sie gering achten und nicht einsetzen, fehlt sie dem Leib Christi:

„Wenn das Ohr spräche: Ich bin kein Auge, darum bin ich nicht Glied des Leibes, sollte es deshalb nicht Glied des Leibes sein? Wenn der ganze Leib Auge wäre, wo bliebe das Gehör?"

1. Korinther 12,16f.

Auch in der ersten christlichen Gemeinde in Korinth gab es offensichtlich Menschen, die ihre eigenen Fähigkeiten geringer schätzten als die Gaben der anderen. Davor warnt der Apostel Paulus. Wir brauchen die Vielfalt der Gaben – in der Gemeinde genauso wie an unserem Arbeitsplatz und in unserer Gesellschaft.

Seien Sie ermutigt: Gott hat Ihnen Gaben, Talente und Fähigkeiten geschenkt! Er freut sich, wenn Sie diese zum Einsatz bringen, zu seiner Ehre und zur Freude anderer.

Die Person, die gut predigen kann, ist in der Gemeinde und vor Gottes Augen nicht wichtiger als die Person, die gerne gastfreundlich ist und den Kirchkaffee nach dem Gottesdienst ausrichtet. Der Mitarbeiter im Musikteam der Gemeinde ist nicht wichtiger als das handwerklich begabte Gemeindeglied, das den Jugendraum renoviert.

Jeder von uns darf Gott in der Gemeinde und in unseren anderen Lebenszusammenhängen mit den Gaben dienen, die er empfangen hat. Was Sie einzubringen haben, ist wichtig! Für Gott, für die Gemeinde, Ihre Familie, Freunde, Kollegen. Es ist nicht egal, ob Sie da sind oder nicht. Ohne Sie wäre die Welt ärmer.

Jesus ermutigt uns, unsere Fähigkeiten wertzuschätzen und weiterzuentwickeln, gute „Haushalter der mancherlei Gnade Gottes" zu sein und immer wieder zu werden.

Auch wenn wir selbst immer noch im Tiefsten davon überzeugt sind, dass wir nichts zu geben hätten oder unser Beitrag nicht wichtig sei – wenn wir das scheinbar Unbedeutende, das wir Gott zu geben haben, einsetzen, dürfen wir erleben:

„Du bist über wenigem treu gewesen, ich will dich über viel setzen."
Matthäus 25,21

Als Jesus vor der Aufgabe stand, fünftausend Menschen zu essen zu geben, hat er die Hilfe eines Kindes in Anspruch genommen, das ihm eine bescheidene Gabe brachte – fünf Brote und zwei Fische (Johannes 6,9).

Das Kind hat seine Gabe Jesus überlassen und er hat etwas Wundervolles damit vollbracht. Er hat das Wenige genommen, daraus etwas Großes gemacht und viele Menschen wurden gesegnet.

Wenn wir Gott, wenn wir Jesus das Wenige zur Verfügung stellen, das wir haben, dann werden wir wahrhaft Wunder erleben dürfen.

Wenn die Wüste fruchtbar wird

„Ich will Wasserbäche auf den Höhen öffnen und Quellen mitten auf den Feldern und will die Wüste zu Wasserstellen machen und das dürre Land zu Wasserquellen."

Jesaja 41,18

Ich liebe die Wüste, weil sie so still und einsam ist. Und ich fürchte die Wüste, weil sie so still und einsam ist. Ein paar Wüstengebiete dieser Welt durfte ich schon bereisen – sei es die Wüste Juda oder den Negev in Israel, das Wadi Rum in Jordanien, die Sinai-Wüste in Ägypten, die Nubische Wüste im Sudan, die Garedscha-Wüste zwischen Georgien und Aserbaidschan, die Wüste Nevada oder die Namib, das älteste Wüstengebiet der Welt.

Jede dieser Wüsten ist unterschiedlich. Und jede ist auf ihre eigene Art unglaublich schön. Und furchteinflößend. Die Wüste kann nämlich zu einem Ort der Täuschung, des Zweifels, der Gefahr und des Todes werden. Viele Wanderer vergangener und gegenwärtiger Zeiten sind in der Wüste zu Tode gekommen – durch Hitzschlag oder Kreislaufversagen, durch Verlust der Orientierung und Wassermangel. Die Gefahr kommt manchmal auch von ganz unerwarteter Seite: In der Wüste Sinai sind schon Wanderer erfroren, da die Temperaturen zu bestimmten Zeiten nachts den Gefrierpunkt erreichen können. Und in den Trockentälern, den Wadis der Wüsten des Nahen Ostens, sind schon zahlreiche Menschen ertrunken, weil eine plötzliche Flut von abfließendem Regenwasser aus den Bergen hereingebrochen ist.

Doch die Gefahr kann auch weniger spektakulär daherkommen: Wenn alles um uns herum still wird, melden sich Stimmen in uns zu

Wort, die sonst vom Alltagslärm erfolgreich übertönt werden. Fragende Stimmen. Zweifelnde Stimmen. Böse Gedanken. Dunkle und schwere Gedanken. Diese Erfahrung hat schon Jesus gemacht, als er sich in die Wüste zurückzog, um sich zu sammeln und auf seinen Dienst vorzubereiten. Der Versucher trat an ihn heran und bemühte sich, ihm Zweifel und Misstrauen gegenüber Gott und selbstherrliche Fantasien einzuflüstern. Doch Jesus konnte sich – im Gegensatz zu uns – erfolgreich wehren. Nichtsdestotrotz hat ihn die Konfrontation Kraft gekostet. Doch er durfte erleben, wie sich mitten in der Wüste unerwartete „Quellen" öffneten: Gott schickte seine Boten, die ihm dienten.

Auch die Wüstenväter, die sich in der Nachfolge Jesu, allerdings oft ihr ganzes Leben lang, in die Wüste zurückzogen, haben eine ähnliche Erfahrung gemacht: Wenn alles still wird um uns herum, kommen nicht nur die schönen und hehren Gedanken in uns hoch – nein, wir werden auch mit unseren inneren Abgründen konfrontiert. Antonius, einer der großen weisen Wüstenväter des 3. und 4. Jahrhunderts, hat diese Erfahrung in folgende Worte gefasst:

„Wer in der Wüste sitzt und die Herzensruhe pflegt,
wird drei Kämpfen entrissen: Dem Hören, dem Reden, dem Sehen.
Er hat nur noch einen Kampf zu führen:
den gegen die Unreinheit."

Mit „Unreinheit" können alle Gedanken gemeint sein, die nicht „gottgefällig" sind – die uns von Gott entfremden, von ihm wegbringen und uns vom Guten entfernen.

Vielleicht geht es Ihnen ja manchmal so, dass Sie es gar nicht richtig genießen können, wenn Sie einmal die Gelegenheit haben, zur Ruhe zu kommen, auszuspannen, „Herzensruhe zu pflegen". Sie haben sich möglicherweise vorgenommen, Zeit mit Gott zu verbringen – doch plötzlich sind sie da, die ungebetenen Gäste: Gedanken, die Amok laufen. Sie erinnern sich zum Beispiel an das letzte Gespräch mit Ihrer Freundin und ärgern sich über etwas, das sie gesagt hat. Oder Sie lassen eine Begebenheit am Frühstückstisch Revue passieren, bei der Ihr Mann eine Bemerkung fallen ließ, die Sie verletzt hat. In Gedanken steigern Sie sich in alles Mögliche hinein, was nicht der Realität entspricht, und finden vielleicht sogar Schimpfworte für die, die Ihren Zorn auf sich gezogen haben. Oder Sie denken womöglich an die letzte Begegnung mit Ihrem Chef und daran, wie er Sie vor versammelter Mannschaft wegen eines kleinen Fehlers bloßgestellt hat. Und Sie überlegen sich, wenn auch nur „im Spiel", wie Sie sich an ihm rächen könnten. Oder Sie werden öfter von melancholischen, schweren Gedanken überfallen, die Ihnen die Luft abschnüren und vorgaukeln, dass Ihr Leben letztlich nicht lebenswert sei. Sie fühlen sich alleingelassen in einer inneren „Wüste", nahe am Verdursten oder Erfrieren. Sie haben die Orientierung verloren und finden keinen Ausweg aus der Ödnis, die Sie umfängt.

Was können Sie tun? *Können* Sie etwas dagegen tun, von destruktiven Gedanken geplagt zu werden? Ein weiteres Beispiel der alten Wüstenväter bringt uns der Lösung dieses Dilemmas auf die Spur:

„Ein Bruder kam zum Altvater Poimen und sagte:
‚Vater, ich habe vielerlei Gedanken und komme
durch sie in Gefahr.' Der Altvater führte ihn ins Freie
und sagte zu ihm: ‚Breite dein Obergewand
aus und halte die Winde auf!'
Er antwortete: ‚Das kann ich nicht!'
Da sagte der Greis zu ihm:
‚Wenn du das nicht kannst,
dann kannst du auch deine Gedanken nicht hindern,
zu dir zu kommen. Aber es ist deine Aufgabe,
ihnen zu widerstehen.'"

Apophthegma Patrum 602

So, wie Jesus es tat, können wir den dunklen Gedanken, die an uns herantreten, Einhalt gebieten. Wir können uns entscheiden und sagen: „Nein, diesen (gedanklichen) Weg will ich nicht gehen. Stopp!" Dabei brauchen wir unbedingt die Hilfe Gottes, die Hilfe Jesu, die Hilfe des Heiligen Geistes. Wir können Gott bitten: „Herr, führe mich aus dieser (gedanklichen) Wüste. Hilf mir, gute Gedanken zu denken. Erfrische mich mit deinem Geist. Erneuere meine Gedankenwelt."

Das ist eine Sache der Übung. Je öfter wir dieses Verhalten trainieren, desto besser wird es uns mit der Zeit gelingen, uns nicht von dunklen oder destruktiven Gedanken überwältigen zu lassen. Wir sind nicht dazu verdammt, wieder und wieder aus denselben vergifteten Wasserstellen unserer inneren Ödnis zu trinken.

Denn Gott kommt uns zu Hilfe. Er will uns mitten im dürren Land dienen, so wie er es einst bei Jesus tat. Und dann kann die Wüste für uns zu einem Ort des Lebens werden, einem Ort, an dem frische Quellen aufbrechen. Quellen, aus denen auch die Menschen um uns herum trinken können.

Bei den Wüstenvätern ist es in der Tat so gewesen – für sie wurde das wüste Land zu einem Ort des Lebens. Weil Gott ihnen dort diente und sie aus seinen Quellen trinken ließ, waren sie in der Lage, auch anderen zu dienen. Sie gründeten Einsiedeleien und Klöster, zu denen viele Menschen pilgerten, um sich geistlichen Rat und ethische Orientierung zu holen, um Erneuerung ihres Glaubenslebens zu erfahren und innerlich erfrischt zu werden.

Gottes Herz brennt für uns

„Die Glut der Liebe ist feurig und eine Flamme des Herrn,
sodass auch viele Wasser die Liebe nicht auslöschen
und Ströme sie nicht ertränken können."

Hohelied 8,6f.

Das Hohelied Salomos, aus dem dieser Vers stammt, ist eine Sammlung von Liebesliedern, die die Schönheit der Liebe zwischen Mann und Frau in vielen Facetten beschreibt. Das „Schir Haschirim", das „Lied der Lieder", ist in der jüdischen Tradition aber auch als ein lebendiges, lebensnahes Bild für die Liebe Gottes zu seinem Volk verstanden worden. Eine Liebe, die so brennend ist, dass er sein Volk Israel aus der Sklaverei in Ägypten in eine neue Zukunft führte. Das Hohelied erinnert auch uns Christen daran, wie verzehrend und leidenschaftlich Gottes Liebe für alle seine Kinder ist. Gott verzehrte sich so sehr nach uns, dass er das Wertvollste – seinen Sohn – gab, um uns zu erlösen und mit ihm zu vereinen. Nichts kann dieser Liebe widerstehen. Nichts kann sie auslöschen. Paulus findet dafür starke Worte:

„Wenn Gott für uns ist, wer kann da noch gegen uns sein? Gott hat
nicht einmal seinen eigenen Sohn verschont, sondern hat ihn für uns
alle gegeben. Und wenn Gott uns Christus gab, wird er uns mit ihm
dann nicht auch alles andere schenken? Ich bin überzeugt: Nichts
kann uns von seiner Liebe trennen. Weder Tod noch Leben, weder
Engel noch Mächte, weder unsere Ängste in der Gegenwart noch
unsere Sorgen um die Zukunft, ja nicht einmal die Mächte der Hölle
können uns von der Liebe Gottes trennen."

Römer 8,31f.+38

Im Hohelied kommt eine gewaltige Sehnsucht und Leidenschaft zum Ausdruck, die die irdische Liebe zwischen Mann und Frau übersteigt. Eine Sehnsucht nach Einheit und vollkommener Liebe, die letztlich nur durch Gott gestillt werden kann.

Bernhard von Clairvaux, der große Zisterziensermönch, verwies im 12. Jahrhundert in einer Abhandlung zum Hohelied darauf, wie sehr sich die Seele nach der Berührung und Vereinigung mit Gott sehnt – so, wie zwei Liebende einander begehren.

Etwas über ein Jahrhundert später inspirierte sein Kommentar zum Hohelied eine junge Zisterziensernonne, sich von ganzem Herzen nach Gott, nach Christus auszustrecken: Gertrud von Helfta, eine der großen Frauengestalten des Mittelalters, fasste ihre Sehnsucht nach Jesus und die Erkenntnis, dass Gottes Herz für uns schlägt, in folgende Worte:

„Ich grüße Dich, o heiligstes Herz Jesu,
Du lebendige und lebendig machende Quelle des ewigen Lebens,
Du unendlicher Schatz der Gottheit und
flammender Glutofen der göttlichen Liebe!
Du bist mein Ruheplatz und mein Zufluchtsort.
O mein göttlicher Erlöser,
entflamme mein Herz mit der heißen Liebe,
von welcher Dein Herz ganz verzehrt wird!"

Gertrud weiß: Egal, durch welche Tiefen einen das Leben führen mag – in Gottes Herz, an seiner Brust finden wir Ruhe und Sicherheit. In Gottes Herz ist Raum für uns. An der Brust Jesu, an seiner Seite, dürfen wir zur Ruhe kommen – so wie einst der junge Johannes, der beim

Abendmahl nahe am Herzen Jesu lag. Die Liebe Jesu für ihn und auch die anderen Jünger entflammte Johannes und er wurde zu einer der tragenden Persönlichkeiten der jungen Kirche. Gottes Herz brennt für uns – für Sie und für mich. Darin können wir Sicherheit finden, auch wenn das Leben mitunter kalt und unbarmherzig daherkommt. Gottes Liebe will uns erwärmen, durchdringen, entflammen.

Ganz gleich, was Sie im Moment vielleicht gerade durchmachen müssen oder in der Vergangenheit durchgemacht haben: Gott ist für Sie da. Jesus Christus empfängt Sie mit einem Herz voller Liebe und mit offenen Armen. Er möchte Ihr Tröster und Helfer sein.

Auch wenn die Liebe und die Hoffnung in Ihrem Herzen erkaltet sein mag – Gott kann Sie neu in Brand setzen, Ihnen Wertschätzung für sich selbst schenken, in Ihnen eine neue Leidenschaft für das Leben entzünden, Ihnen ein barmherziges und liebevolles Herz für Ihre Mitmenschen geben.

Katharina von Siena, eine Dominikanerin, die im 14. Jahrhundert lebte, schrieb einmal:

„So ergeht es der Seele, die in den Glutofen der Liebe Gottes eintritt: Sie wird die Funken, die sie im Feuer empfing, weiterverbreiten."

Seien Sie ermutigt: Gott will Ihr Leben mit seiner Freundlichkeit und Liebe durchdringen. Bitten Sie ihn darum. Er wird mit seinem glühenden Herzen voller Liebe auch Ihr Herz und Leben erwärmen. Und auf diese Weise dürfen auch Sie schließlich ein „Glutofen der Liebe Gottes" sein, an dem sich andere in einer kälter werdenden Welt wärmen können.

Gott vergisst uns nicht

„Kann denn eine Frau ihr Kindlein vergessen, eine Mutter ihren leiblichen Sohn? Und selbst wenn sie ihn vergessen würde: ich vergesse dich nicht. Sieh her: Ich habe dich eingezeichnet in meine Hände, deine Mauern habe ich immer vor Augen."

Jesaja 49,15f.

Fühlen Sie sich manchmal vergessen? Von der Welt im Allgemeinen, von Ihren Freunden, vielleicht sogar von Ihrer Familie? Haben Sie manchmal das Gefühl, dass es letztlich keine Menschenseele interessiert, wie es Ihnen geht? Dass es egal ist, ob Sie am Leben sind oder nicht?

Ähnlich ist es vielen Menschen aus dem Volk Israel gegangen, in einer Zeit, als Jerusalem von der babylonischen Weltmacht erobert worden war. Die einst so stolzen Mauern der Stadt waren eingerissen und der wunderschöne Tempel lag in Trümmern da. Auch das Selbstwertgefühl und das Selbstbewusstsein der Israeliten war am Boden zerstört.

So mancher Hebräer sagte sich in diesen furchtbaren Tagen:

„Der Herr hat mich verlassen, der Herr hat meiner vergessen."

Jesaja 49,14

Worte, die uns bekannt vorkommen mögen.

„Hat sogar *Gott* mich vergessen? Hat er mich verlassen? Sieht er nicht, wie es mir geht?"

Nein. Er hat Sie nicht vergessen. Wie könnte er auch?

„Kann auch eine Frau ihr Kindlein vergessen, dass sie sich nicht er-

barme über den Sohn ihres Leibes?", heißt es in Jesaja 49, Vers 15. Gott liebt Sie, wie eine Mutter ihr Kind liebt. Und deshalb kann und wird er Sie auch nie, niemals vergessen. Er hat Sie eingezeichnet in seine Hand, er hat Ihren Namen immer vor Augen.

Haben Sie sich in der Schule manchmal vor Klassenarbeiten wichtige Dinge – Gleichungen, Jahreszahlen, Vokabeln – in Ihre Handfläche geschrieben, um sich an sie zu erinnern? Oder haben Sie sich schon einmal ein Tattoo mit dem Namen Ihres liebsten Menschen stechen lassen?

"Spickzettel" verblassen, Tattoos werden mit der Zeit nicht schöner – aber unsere Namen bleiben Gott unverändert und für alle Zeiten sichtbar vor Augen.

Christus hat sich unsere Namen förmlich in seine Hände „eingraben" lassen – am Kreuz, als er dafür starb, dass wir, dass Sie und ich, auf Ewigkeit mit ihm vereint sein dürfen.

Er erinnert sich an uns. Er vergisst uns nie.

„Sieh her: Ich habe dich eingezeichnet in meine Hände."

Eine erstaunliche Aussage, wenn man sie ein wenig genauer betrachtet. Zur Zeit Jesajas trugen eigentlich nur Sklaven permanente Zeichen auf ihrer Haut eingraviert – die Namen ihrer Herren oder eine andere „Eigentumsmarke", die zeigte, zu wem sie gehörten. Doch hier spricht der Schöpfer der Welt davon, dass er sich den Namen seiner Geschöpfe in die Hände zeichnet! Er gehört zu uns, wie wir zu ihm gehören. Gott stellt eben immer wieder alle unsere menschlichen Maßstäbe auf den Kopf! Er hat uns nicht nur in seine Hände eingezeichnet, sondern unsere Namen auf sein Herz geschrieben, für alle Zeit.

Und auch wir werden eines Tages eine „Eigentumsmarke" tragen, in ganz positivem Sinn. Wir werden mit *Gottes Namen* gezeichnet sein.

Im Buch der Offenbarung heißt es:

„Denn der Thron Gottes und des Lammes wird dort sein, und seine Diener werden ihn anbeten. Und sie werden sein Gesicht sehen, und sein Name wird auf ihren Stirnen geschrieben stehen."

Offenbarung 22,3f.

Gott vergisst uns nicht. Er trägt uns allezeit vor Augen. Durch Christus hat er uns sich „eingraviert". Er gehört zu uns. Und wir sind durch Jesus ihm zugehörig. Eines Tages wird für alle sichtbar werden, dass Gott uns mit seinem Namen gezeichnet hat. Und bis dahin dürfen wir daran festhalten, was Gott uns verheißt:

„Ich will deiner nicht vergessen."

Gott schenkt uns tiefen Frieden

„Ich liege und schlafe ganz mit Frieden;
denn allein du, Herr, hilfst mir, dass ich sicher wohne."

Psalm 4,9

Als Kind konnte ich oft nicht einschlafen. Ich stellte mir vor, wie sich hinter den Vorhängen in meinem Zimmer dunkle Gestalten verbargen, die nur darauf warteten, hervorzutreten, sobald ich ihnen den Rücken zukehrte. Und das, obwohl ich als Kind nie irgendwelche gruseligen Filme sehen durfte! Wahrscheinlich hatte ich einfach nur eine blühende Fantasie. Heute ist das glücklicherweise vorbei. Dennoch kann ich manchmal schlecht schlafen oder wache mitten in der Nacht auf – aber aus anderen Gründen. Vielleicht ergeht es Ihnen ähnlich? Je älter und erfahrener man wird und je mehr man weiß, was im Leben so alles passieren kann, desto mehr Gedanken und Sorgen macht man sich oft.

Die Gedankengänge, die uns nachts wach halten oder nicht wieder einschlafen lassen, können ganz unterschiedlicher Art sein: Was wird bei der ärztlichen Untersuchung am nächsten Tag herauskommen? Wird sich unser Ältester an seinem neuen Ausbildungsplatz zurechtfinden? Werde ich die besondere Herausforderung, vor die mich mein Job im Moment stellt, meistern? Werde ich den übervollen nächsten Tag mit seinen vielen Terminen überstehen? ...

So viele Gedanken, Sorgen und Ängste lagern sich nachts oft förmlich um unser Bett herum, dass wir uns vielleicht die „seligen" Tage der Kindheit zurückwünschen, als wir nur die Fantasiemonster im dunklen Kinderzimmer zu fürchten hatten.

Ungefähr jeder Zehnte in Deutschland hat über einen längeren Zeitraum hinweg mit Schlafstörungen zu kämpfen, Tendenz steigend. In den Zeitungen und im Internet gibt es viele gute und hilfreiche Tipps, wie man Schlafstörungen und ihren Ursachen entgegenwirken kann.

Für uns Christen ist ein ganz wichtiger Faktor für einen „friedvollen" Schlaf, dass wir Gott vertrauen und ihm unsere Sorgen und unsere unruhigen Gedanken anbefehlen.

Offenbar hat auch der weise König Salomo so manche Erfahrung mit unruhigem Schlaf gemacht, denn von ihm sind die Worte überliefert:

„Es ist umsonst, dass ihr früh aufsteht und hernach lange sitzet und esset euer Brot mit Sorgen;
denn seinen Freunden gibt er es im Schlaf."

Psalm 127,2

Diese Worte weisen uns aber auch darauf hin, dass es ihm gelungen zu sein scheint, die Sorgen im Zaum zu halten und stattdessen auf Gottes „Versorgung" zu vertrauen.

Vielleicht hat er diese Einstellung von seinem Vater, dem großen König David, übernommen. Kinder orientieren sich ja immer auch an den Eltern, an ihren schlechten wie guten Eigenschaften und Gewohnheiten.

David hatte offenbar eine gute Gewohnheit entwickelt. Von ihm sind Morgen- und Abendgebete überliefert, in denen der Umgang mit Sorgen und das friedvolle Schlafen im Vertrauen auf Gott thematisiert werden. Aufgrund seines bewegten, gefährlichen Lebens hätte David eigentlich genug Grund zur Schlaflosigkeit gehabt. Dennoch – oder gerade deswegen – betete er am Morgen in Krisenzeiten: *„Ich liege und schlafe und erwache; denn der Herr hält mich."* (Psalm 3,6) Und als Abendgebet sind von ihm die bekannten Worte überliefert: *„Ich liege und schlafe ganz mit Frieden; denn allein du, Herr, hilfst mir, dass ich sicher wohne."* (Psalm 4,9)

Vielleicht hilft es Ihnen, wenn Sie für sich die gute Gewohnheit entwickeln, Gott am Abend vor dem Zubettgehen Ihre Gedanken und Sorgen zu sagen und ihn um einen behüteten, friedlichen Schlaf zu bitten.

Genauso können Sie am Morgen nach dem Aufwachen, bevor die Hektik des Alltags Sie daran hindert, ein kurzes Gebet sprechen, in dem Sie Gott Ihren Tag und alle anliegenden Aufgaben anbefehlen und ihn um seinen Beistand bitten. Am Ende des Gebets können Sie Gott zum Beispiel noch sagen: „Herr, überkleide meine Gedanken mit deinen guten Gedanken. Wann immer auch Sorgen und Ängste meine Gedanken umwölken wollen, sei du der Lichtstrahl, der die Wolkendecke durchbricht. Sprich du dein Wort in mein Herz, das Frieden schafft."

Machen wir es uns zur Gewohnheit, uns in jeder Lebenslage an Gott zu wenden, ihm unser Leben anzubefehlen und im Bewusstsein seiner Gegenwart zu Bett zu gehen und aufzustehen. Ein solches Verhalten wird mit der Zeit Früchte bringen:

> *„Legst du dich, so wirst du dich nicht fürchten,*
> *und liegst du, so wirst du süß schlafen."*
>
> Sprüche 3,24

Zum Schluss noch ein Gedanke: Manchen von uns helfen Lieder, zur Ruhe zu kommen, zu entspannen. Musik kann eine beruhigende, „befriedende" Wirkung auf unseren Geist haben. Als kleines musikalisches Morgen- und Abendlied könnten Sie zwei Verse aus dem folgenden Lied von Paul Gerhardt singen oder sich anhören:

> *Die güldne Sonne voll Freud und Wonne*
> *bringt unsern Grenzen mit ihrem Glänzen*
> *ein herzerquickendes, liebliches Licht.*
> *Mein Haupt und Glieder, die lagen darnieder;*
> *aber nun steh ich, bin munter und fröhlich,*
> *schaue den Himmel mit meinem Gesicht.*

> *Abend und Morgen sind seine Sorgen;*
> *segnen und mehren, Unglück verwehren*
> *sind seine Werke und Taten allein.*
> *Wenn wir uns legen, so ist er zugegen;*
> *wenn wir aufstehen, so läßt er aufgehen*
> *über uns seiner Barmherzigkeit Schein.*

Gott erneuert uns

„Mache dich auf, werde licht; denn dein Licht kommt,
und die Herrlichkeit des Herrn geht auf über dir!"
Jesaja 60,1

Diese ermutigenden Worte richtet der Prophet Jesaja an sein Volk in einer Zeit, die alles andere als hell, strahlend oder herrlich war. Jerusalem war ein Trümmerhaufen, von den babylonischen Truppen in Schutt und Asche gelegt. Die meisten Einwohner der Stadt und des Umlandes waren verschleppt worden oder geflohen. Einige fristeten in der zerstörten Stadt mehr schlecht als recht ihr Dasein.

Bei manchen von Ihnen wird das vielleicht Erinnerungen wachrufen an eine Zeit, in der viele deutsche Städte einem Trümmermeer glichen. Sie haben sie entweder selbst noch erlebt, die zerstörerische Macht des Zweiten Weltkrieges, oder Sie wissen von Ihren Eltern und Großeltern davon. Berlin, Dortmund, Dresden, Essen, Hamburg, Köln, München ... viele Städte waren nach dem Ende des Krieges kaum noch wiederzuerkennen. Die Hälfte des Wohnraums in Deutschland war zerbombt, es gab über längere Zeit kaum Strom oder Gas, Essen und sauberes Wasser. Straßen und Brücken waren vielerorts zerstört. Angehörige waren in Gefangenschaft geraten oder auf der Flucht umgekommen.

Wie geht es nun weiter? Kann es überhaupt weitergehen?

Das werden sich viele Menschen in dieser schweren Zeit gefragt haben.

Doch langsam, langsam, mit Hilfe der Amerikaner und Briten und durch den Überlebenswillen der deutschen Bevölkerung, besserte sich

die Lage: Trümmerfrauen räumten Backsteine aus dem Schutt, damit sie zum Hausbau wiederverwendet werden konnten. Kettenbagger trugen zerbombte Häuser ab. Schwere Brückenteile wurden aus den Flüssen gezogen, Verkehrswege wurden ausgebessert, nach und nach entstand neuer Wohnraum. Das „Nachkriegswunder" nahm seinen Lauf. „Carepakete" wurden aus den USA in das hungernde Nachkriegsdeutschland geschickt, westalliierte „Rosinenbomber" versorgten West-Berlin mit Kohle, Lebensmitteln und Süßigkeiten für die Kinder.

Vielleicht brauchen Sie auch gerade ein Wunder in Ihrem Leben. Vielleicht gibt es ein Ereignis oder eine Reihe von Ereignissen, die im Laufe der Zeit Ihr Leben, das innere oder äußere, in Trümmer gelegt haben. Das können traumatische Erlebnisse aus der Vergangenheit sein. Oder ganz aktuelles Leiden, das unvermittelt wie eine Bombe in Ihr Leben eingeschlagen ist und große Verwüstungen hinterlassen hat.

Wie geht es nun weiter? Kann es überhaupt weitergehen?

Die Menschen zur Zeit von Jesaja, die Menschen in Juda und Jerusalem, werden sich dieselbe Frage gestellt haben wie Sie.

Aber Jesaja ermutigte seine Leute und sagte ihnen: *Gott hat euch nicht im Stich gelassen, auch wenn alles darauf hindeuten mag. Er*

kommt zu euch mit seinem Geist und seinen Gaben. Er wird sich wieder über euch erbarmen. Er schafft neues Leben aus Ruinen. Er baut wieder auf, was zerstört ist: euer zerstörtes Vertrauen, eure zerstörte Hoffnung. Er räumt die Trümmer weg und schafft einen neuen „Wohnraum" für euch. Er versorgt euch mit allem, was ihr nötig habt.

Jesaja hat recht behalten. Gott hat eingegriffen. Gott hat erneuert.

Jerusalem wurde wieder aufgebaut, das Volk in der

Gefangenschaft durfte wieder heimkehren, Stadt und Land erstrahlten in neuer Kraft und Schönheit. Und das Beste: Die Judäer, die Jerusalemer durften nicht nur Wiederherstellung erfahren, sie wurden vielmehr von Gott berufen, selbst solche zu sein, die wiederherstellen und erneuern: *„Mache dich auf, werde licht!"*

Keine Trümmerwüste unseres Lebens ist für Gott zu verheerend, als dass er nicht etwas Neues, Schönes und Beständiges daraus hervorbringen könnte. Er möchte uns wiederherstellen. Und das Beste: Wir dürfen nicht nur Empfänger seines Trostes, seiner Hilfe und Heilung sein, sondern selbst „Erneuerer" und „Erbauer" werden:

> *„Und es soll durch dich wieder aufgebaut werden, was lange wüst gelegen hat, und du wirst wieder aufrichten, was vorzeiten gegründet ward; und du sollst heißen: ‚Der die Lücken zumauert und die Wege ausbessert, dass man da wohnen könne'."*
>
> Jesaja 58,12

Deutschland ist heute die viertstärkste Industrienation der Welt. Gott hat sich über uns erbarmt. Er ist uns gnädig gewesen. Er hat uns erneuert. Aber damit geht auch eine Berufung einher: Unsere Gaben, unser Können und unser Wohlstand sind nicht nur für uns allein da. Wir sollen andere damit segnen. So konnte Deutschland zum Beispiel im Jahr 2014 eine Rekordsumme für die Hilfsprogramme des Flüchtlingswerks der Vereinten Nationen bereitstellen. Aus dem Trümmermeer ist eine Nation geworden, die sich darum bemüht, in der Welt ein Licht und ein Segen zu sein.

Das kann auch in unserem eigenen Leben geschehen. In Gottes Kraft dürfen wir Menschen sein und werden, die am Leid nicht zerbrechen, sondern stattdessen anderen helfen, Heimat und Zuflucht zu finden.

Mit Gott versöhnt

„Dadurch, dass Christus am Kreuz sein Blut vergoss, hat Gott Frieden geschaffen. Die Versöhnung durch Christus umfasst alles, was auf der Erde, und alles, was im Himmel ist. Auch ihr seid darin eingeschlossen."

Kolosser 1,20f.

Versöhnung ist lebenswichtig. Ohne Versöhnung können wir als Menschen auf Dauer nur schwer existieren. Es scheint fast, als ob Gott die Sehnsucht nach versöhntem Leben in uns hineingepflanzt hätte. Dennoch gibt es viele Bereiche, in denen wir unversöhnt leben – Beziehungen, die in der Krise stecken oder zerbrechen.

Obwohl die Tendenz zurzeit etwas rückläufig ist, scheitert zum Beispiel immer noch jede dritte Ehe in Deutschland. Ehepartner streiten sich wegen der schlechten Angewohnheiten des jeweils anderen, der Aufteilung der Hausarbeit, der Eltern oder Schwiegereltern oder um das liebe Geld. Jugendliche liegen im Konflikt mit ihren Eltern, weil sie zu lange am Computer sitzen, zu spät abends noch unterwegs sind oder zu viel Geld vertelefonieren.

Erwachsene Geschwister werden plötzlich zu Erzfeinden, wenn es um das Erbe der Eltern geht – laut einer Umfrage endet in Deutschland jeder vierte Erbfall in heftigem Streit.

Konflikte und unversöhntes Miteinander verfolgen uns bis an den Arbeitsplatz. Streit unter Kollegen gehört zu den größten Zeitfressern im Job. Vor einigen Jahren zeigte eine amerikanische Studie, dass Arbeitnehmer bis zu drei Stunden in der Woche mit Streit am Arbeitsplatz verbringen.

Unsere Unversöhnlichkeit macht auch am Gartenzaun nicht Halt:

Fast jeder dritte Deutsche liegt mit seinem Nachbarn im Streit.

Erschreckende Ergebnisse eines unversöhnten Lebensstils. Vielleicht kommt Ihnen das eine oder andere vage bekannt vor? Jeder von uns ist, denke ich, in irgendeiner Art und Weise betroffen.

Solche Streitigkeiten und ungelösten, schwelenden Konflikte können uns in tiefe Krisen stürzen. Unversöhntes Leben fühlt sich nicht gut an. Es entzieht uns Energie, macht uns wütend oder traurig, frustriert uns und nimmt uns die Freude am Leben. Unversöhnlichkeit frisst sich wie ein Krebsgeschwür durch unsere Beziehungen und macht uns und unsere Mitmenschen krank. Dabei muss die Unversöhnlichkeit noch nicht einmal von uns selbst ausgehen. Vielleicht sind wir ja schon lange bereit zu einem klärenden Gespräch mit dem Partner, doch der verschließt sich. Vielleicht warten wir ungeduldig darauf, dass unser Bruder oder unsere Schwester endlich auf unsere versöhnlichen E-Mails und Anrufe antwortet – vergeblich. Zur Versöhnung gehören immer zwei. Wir selbst können uns zwar dafür entscheiden, eine Beziehung in Ordnung bringen zu wollen – doch die andere „Konfliktpartei" können wir dazu nicht zwingen.

Dennoch: Es gibt eine Möglichkeit zur Versöhnung. Paulus berichtet uns im Brief an die Gemeinde in Kolossä davon:

„Dadurch, dass Christus am Kreuz sein Blut vergoss,
hat Gott Frieden geschaffen."

Selbst falls es für uns in diesem Leben keine Möglichkeit mehr geben sollte, uns mit Menschen, mit denen wir im Streit liegen, zu versöhnen (trotz unserer wiederholten Versuche oder weil die betreffende Person schon verstorben ist): Wir dürfen mit unserer Last zu Gott kommen, ihm unseren Anteil an der Schuld bekennen und ihn um Vergebung bitten. Durch Jesu Tod am Kreuz hat Gott uns mit sich selbst versöhnt – die allerwichtigste Art der Versöhnung.

Viele von uns konnten es schon selbst erfahren: Dadurch, dass Gottes Vergebung in unserem Leben wirksam wurde, ist schließlich auch Versöhnung mit unseren Mitmenschen möglich geworden. Etwas in uns verändert sich durch Gottes Vergebung. Durch sie befreit und befähigt, können wir auch anderen vergeben oder sie um Vergebung bitten und die Hand zur Versöhnung ausstrecken. Nicht immer zwar wird die Hand auch ergriffen, doch mitunter dürfen wir tatsächlich erleben, dass Beziehungen und Freundschaften wieder heilen und erneuert werden. So etwas kann nur Gott schenken. Bitten wir ihn darum, dass seine Versöhnung in unserem Leben neu wirksam wird, dass wir Vergebung gewähren und Vergebung empfangen können.

$\mathscr{G}$ott will uns erfreuen

„Gott der Herr hat mich gesandt, um es den Trauernden zu ermöglichen, dass ihnen ein Kopfschmuck anstelle von Asche, Freudenöl anstelle von Trauerkleidern, und Lobgesang anstelle eines betrübten Geistes gegeben werde."

Jesaja 61,3

$\mathscr{D}$iese wunderschönen, ausdrucksstarken Worte gehören zu einem Text, den Jesus vorlas, als er an einem Sabbat den Gottesdienst in der Synagoge seiner Heimatstadt besuchte. Der Jesaja-Text war ein Teil der Schriftlesungen, die für diesen Tag vorgesehen waren.

Es war also nicht ungewöhnlich, dass Jesus ihn vorlas.

Ungewöhnlich war allerdings das, was dann folgte:

„Er rollte die Schriftrolle zusammen, gab sie dem Synagogendiener zurück und setzte sich. Alle in der Synagoge sahen ihn an. Und er sagte: ,Heute ist dieses Wort vor euren Augen und Ohren Wirklichkeit geworden!'"

Lukas 4,20f.

Den Menschen in der Synagoge blieb der Mund offen stehen. Viele, wenn nicht die meisten, kannten Jesus gut, denn er war ja in ihrem Dorf großgeworden. Und sie fragten sich wahrscheinlich: Was sagt Jesus da? Was meint er? Will er sich wirklich diese Worte zu eigen machen? Ist das nicht eine Nummer zu groß für ihn?

Ursprünglich sollte Jesaja im Auftrag des Herrn das leidende Gottesvolk trösten und ermutigen. Viele der im Exil lebenden Juden durf-

118

ten unter der Herrschaft von König Kyrus in ihr Heimatland zurückkehren. Doch was sie vorfanden, war alles andere als ermutigend. Ein Land, das wirtschaftlich am Boden lag. Eine Stadt, die von ihrer einstigen Schönheit nur noch wenig vermuten ließ. Ein Tempel, der immer noch nicht wieder aufgebaut war. Bei diesem Anblick hüllten sich sicher manche in „Sack und Asche", wie wir noch heute sagen. Als Ausdruck ihrer tiefen Trauer und Verzweiflung zogen sie sich einfache Kleidungsstücke aus gewebtem schwarzen Ziegenhaar an, den „Sack". Und weil sie sich ihrer eigenen Verfehlungen gegenüber Gott bewusst waren und ihre Demut zum Ausdruck bringen wollten, streuten sie sich Asche auf ihren Kopf. „Asche auf mein Haupt", sagen wir heute noch manchmal, wenn wir ein Versäumnis eingestehen. Auch das Aschekreuz, das unsere katholischen Geschwister sich zu Beginn der Fastenzeit auf die Stirn malen lassen, ist ein Ausdruck der Buße und Trauer.

Doch Jesaja verheißt etwas ganz Erstaunliches: Gott will das Schicksal der Heimkehrer wenden. *„Kopfschmuck anstelle von Asche, Freudenöl anstelle von Trauerkleidern"* – das möchte er ihnen geben.

Die Leidenden und Trauernden werden geschmückt wie für ein Fest, sie werden gesalbt mit duftendem Öl, welches das Gesicht erfrischt und leuchten lässt. Die dunklen Kleider dürfen sie gegen Festgewänder tauschen und die Asche von ihren Köpfen schütteln – denn Gott selbst greift ein und will ihnen unbändige Freude schenken. Sie dürfen ein Loblied auf ihren Lippen tragen statt eines Klagegesangs. Gott schenkt ihnen ein fröhliches Herz, einen fröhlichen Geist, ein Lächeln im Gesicht. Auch wenn sich ihre Situation noch nicht grundlegend geändert hat – es gibt Hoffnung, weil Gottes Kraft in ihrem Leben wirksam wird.

Genau das nimmt Jesus für sich in Anspruch an diesem denkwürdigen Morgen in der Synagoge. Er ist gekommen, um Menschen eine Tür zu einem neuen Leben zu öffnen. Ein Leben, in dem Trauer schließlich in Freude umgewandelt wird. Ein Leben, in dem Scham und Schuld uns nicht mehr bestimmen müssen, sondern in dem die Vergebung und Freiheit regiert. Das möchte er auch heute noch für uns tun.

Was immer auch im übertragenen Sinn die dunklen Trauerkleider sein mögen, in die wir uns gehüllt haben; wofür auch immer wir uns wieder und wieder „Asche aufs Haupt streuen" – Jesus möchte uns nahe kommen, uns befreien und uns tiefe Freude schenken. Johann Sebastian Bach konnte diese Erfahrung offenbar in seinem Leben machen, denn er dichtete:

Weicht, ihr Trauergeister,
denn mein Freudenmeister,
Jesus, tritt herein.
Denen, die Gott lieben,
muß auch ihr Betrüben
lauter Freude sein.
Duld ich schon hier Spott und Hohn,
dennoch bleibst du auch im Leide,
Jesu, meine Freude.

Christus – der große Brückenbauer

„Denn es ist ‚ein‘ Gott und ‚ein‘ Mittler zwischen Gott und den Menschen, nämlich der Mensch Christus Jesus, der sich selbst gegeben hat für alle zur Erlösung.“

1. Timotheus 2,5f.

„Jesus dagegen bleibt für immer Priester; sein Priestertum wird nie enden. Deshalb kann er auch für immer alle retten, die durch ihn zu Gott kommen. Er lebt ewig und wird vor Gott für sie eintreten.“

Hebräer 7,24f.

Brücken sind lebenswichtig und aus unserem Alltag überhaupt nicht wegzudenken. Brücken verbinden Menschen – von der einen Seite des Dorfes über den Fluss zur anderen Seite; von einem Stadtteil über die vielbefahrene Straße hinüber zum anderen Teil der Stadt; über einen breiten Strom oder einen Meeresarm hinweg; über eine tiefe Schlucht auf die andere Seite …

Brücken sind für uns oft mehr als ein bloßes Mittel zum Zweck. Sie sind Wahrzeichen, Symbole, wecken in uns ungekannte Sehnsüchte und Gefühle. Manche Brücken beeindrucken durch ihre Grandiosität, wie z. B. die mächtige Golden Gate Bridge über der Bucht von San Francisco oder die vielseitige Tower Bridge über der Themse. Andere Brücken haben für uns wiederum den absoluten „Sehnsuchtsfaktor“, wie z. B. der Ponte Vecchio in Florenz, die Rialto-Brücke in Venedig oder der Pont Neuf in Paris. Einige Brücken scheinen uns zeitweise in eine andere Dimension zu entführen, wie z. B. die geheimnisvolle Prager Karlsbrücke über der Moldau oder das in den Wolken schwebende Millau-Viadukt über dem Tarn in Südfrankreich. Manche Brücken

verbinden Länder miteinander, wie z. B. die Öresundbrücke Schweden und Dänemark – oder sogar ganze „Welten", wie die Bosporus-Brücke Europa und Kleinasien.

Eine Brücke – das erscheint mir als ein passendes Bild für das, was Jesus Christus für uns sein will. Vielleicht mussten wir in der einen oder anderen Weise in unserem Leben schon einmal „alle Brücken hinter uns abbrechen" – uns von einem Menschen trennen, der uns wiederholt sehr wehgetan hat; uns von einer Lebenssituation entfernen, die für uns zerstörerisch wurde. Oder Brücken wurden gegen unseren Willen abgebrochen – das eigene Kind will nichts mehr von uns wissen, die beste Freundin meldet sich nicht mehr, der Partner hat sich das Leben genommen. Uns wurde die Arbeitsstelle gekündigt. Der Vermieter hat uns vor die Tür gesetzt. Was auch immer die „abgebrochenen Brücken" in unserem Leben sein mögen – Christus kann uns Brücken schlagen. Brücken hinein in ein neues, getröstetes, gesegnetes, geheiltes Leben. Brücken hin zu unseren Mitmenschen. Brücken hin zu Gott.

Im Hebräerbrief wird Jesus „Priester" genannt. Priester, auf lateinisch „Pontifex", bedeutet *Brückenbauer*. Jesus ist der große Brücken-

bauer. Es gibt keine Schlucht in unserem Leben, keinen tiefen Abgrund, kein noch so stürmisches weites Meer – nichts, was nicht durch Jesus „überbrückt" werden kann. Er baut uns eine Brücke hinein in die Dimension Gottes. Wir dürfen lernen, unser Leben und uns selbst mit Gottes Augen zu sehen. Über die Brücken, die Jesus uns baut, dürfen wir mit unseren tiefsten Sehnsüchten gehen: der Sehnsucht nach erfülltem, heilvollem Leben, nach Glück, nach der Nähe Gottes. Die Brücken, die Christus uns baut, führen uns in andere „Länder" und Welten: Wir dürfen uns und unsere Gaben neu entdecken und lernen, was Gott alles durch uns und mit uns bewegen möchte. Und schließlich wird Jesus uns die mächtigste und Ehrfurcht gebietendste aller Brücken schlagen – die Brücke über den Abgrund des Todes hinweg, hinein in die unverhüllte Gegenwart Gottes. Durch seinen Tod am Kreuz ist es Christus gelungen, diese Brücke der Versöhnung zu bauen, die uns sicher hinüber ans jenseitige Ufer bringt. Ich hoffe darauf, dass Jesus selbst da sein wird, um uns über diese letzte aller Brücken zu begleiten – er, unser Heiland, unser Versöhner, unser Mittler, unser Brückenbauer.

Der Schriftsteller C. S. Lewis, der in seinem Kinderbuchklassiker „Die Chroniken von Narnia" als ein Sinnbild für Christus den Löwen Aslan gewählt hat, legt ihm die folgenden Worte in den Mund:

„Ich werde euch nicht sagen, wie lang oder wie kurz der Weg sein wird; nur, dass er jenseits eines Flusses liegt! Aber habt keine Angst, denn ich bin der große Brückenbauer."

aus: Die Reise auf der Morgenröte

Das Geschenk der Gemeinschaft

„Denn ihr seid alle durch den Glauben Gottes Kinder in Christus Jesus.
Denn ihr alle, die ihr auf Christus getauft seid,
habt Christus angezogen. Hier ist nicht Jude noch Grieche,
hier ist nicht Sklave noch Freier, hier ist nicht Mann noch Frau;
denn ihr seid allesamt einer in Christus Jesus.“

Galater 3,26-28

Wenn wir uns einmal in den Gemeinden umschauen, aus denen wir kommen oder denen wir aktuell angehören, dann geraten wir so manches Mal ins Staunen: Wer oder was, um Himmels willen, hat alle diese Menschen zusammengebracht!? Verschiedene Altersgruppen, ganz unterschiedliche Persönlichkeiten, Lebensgeschichten, soziale Hintergründe, Nationalitäten ... Da finden sich Menschen, mit denen wir, wären wir nicht zusammen in der Gemeinde, wahrscheinlich nie in engeren Kontakt gekommen wären – einfach, weil wir (menschlich gesehen) kaum Berührungspunkte haben. Doch wir haben einen großen gemeinsamen „Nenner“: Jesus. Nur er schafft es, vollkommen unterschiedliche Menschen mit demselben Ziel zu vereinen: Gott anzubeten, ihm Freude zu bereiten und unsere Welt ein Stückchen heller zu machen. In Christus sind wir viele und doch eins. So etwas schafft wirklich nur Gott!

Schon oft ist diese bunte, manchmal chaotische und herausfordernde Vielfalt in Christus für mich zu einem großen Segen geworden – da nämlich, wo Christus uns in Freude und Leid geeint hat. Ich denke da zum Beispiel an unseren Hauskreis mit 15 Leuten. Obwohl wir alle sehr individuelle, unterschiedliche Persönlichkeiten sind, finden wir in Jesus doch eine gemeinsame Basis und einen gemeinsamen Nenner.

Wir tragen einander, wenn es einem mal nicht so gut geht, jemand durch eine schwierige Lebensphase geht oder durch einen Schicksalsschlag erschüttert wird. Wir halten einander aus, auch wenn unser Miteinander immer mal wieder die eine oder andere Tücke birgt. Wir helfen einander dabei, die eigenen Ecken und Kanten wahrzunehmen, an uns zu arbeiten und zu Christus hin zu wachsen. Gemeinsam sind wir auf dem Weg, auch wenn die Wegstrecke manchmal holprig oder steil wird. Es gibt viele schöne, segensreiche Erfahrungen, die wir bereits miteinander machen konnten. Wären wir allerdings nicht in Christus geeint, wären wir wahrscheinlich gar nicht in dieser Konstellation zusammen. So sind Hauskreise ein kleines Abbild dessen, was die Gemeinde ausmacht, und diese ist wiederum ein kleines Abbild dessen, was den weltweiten Leib Christi prägt: eine helfende, segnende, heilende, immer auch herausfordernde vielfältige Gemeinschaft, die sich gegenseitig zu Christus hinzieht und die Welt auf Jesus hinweist.

Gott hat uns die Gemeinschaft mit anderen Christen geschenkt und gleichzeitig auch „verordnet". Meine Schwestern und Brüder im Herrn sind wie „Medizin" für mich, wenn es mir einmal nicht gut geht oder ich mit etwas zu kämpfen habe. Wie ist es bei Ihnen? Haben Sie das schon erlebt? Sind Sie eingebunden in eine kleine oder auch größere Gemeinschaft von Christen, mit denen Sie Freud und Leid teilen können? Menschen, die Sie aufheben, wenn Sie gefallen sind? Die Sie auch mal tragen, wenn Sie nicht mehr weiterkönnen – durch Gebete und Gespräche, aber auch durch ganz praktische Hilfe? Ich möchte Ihnen Mut machen, sich eine solche Gruppe von Menschen zu suchen – eine Gemeinde, einen Hauskreis, christliche Freunde. Keine Angst: Sie werden nicht immer nur der „empfangende" Teil sein – es wird genug Gelegenheiten geben, bei denen Sie ein Segen für Ihre Geschwister sein können.

„Helft euch gegenseitig bei euren Schwierigkeiten und Problemen,
so erfüllt ihr das Gesetz, das wir von Christus haben."

Galater 6,2